*Ensaios sobre
psicologia social
e psicanálise*

FUNDAÇÃO EDITORA DA UNESP

Presidente do Conselho Curador
Mário Sérgio Vasconcelos

Diretor-Presidente
Jézio Hernani Bomfim Gutierre

Superintendente Administrativo e Financeiro
William de Souza Agostinho

Conselho Editorial Acadêmico
Danilo Rothberg
Luis Fernando Ayerbe
Marcelo Takeshi Yamashita
Maria Cristina Pereira Lima
Milton Terumitsu Sogabe
Newton La Scala Júnior
Pedro Angelo Pagni
Renata Junqueira de Souza
Sandra Aparecida Ferreira
Valéria dos Santos Guimarães

Editores-Adjuntos
Anderson Nobara
Leandro Rodrigues

THEODOR W. ADORNO

Ensaios sobre psicologia social e psicanálise

Tradução
Verlaine Freitas

© Suhrkamp Verlag Frankfurt am Main 1972, 1977
© 2007 Editora Unesp

Títulos originais:

Soziologische Schriften I (Die revidierte Psychoanalyse [A psicanálise revisada] • Zum Verhältnis von Soziologie und Psychologie [Sobre a relação entre sociologia e psicologia] • Anti-Semitism and Fascist Propaganda [Antissemitismo e propaganda fascista] • Freudian Theory and the Pattern of Fascist Propaganda [Teoria freudiana e o padrão da propaganda fascista] • Bemerkungen über Politik und Neurose [Observações sobre política e neurose] • Thesen über Bedürfnis [Teses sobre a necessidade])

Kulturkritik und Gesellschaft II (Sexualtabus und Recht heute [Tabus sexuais e direito hoje])

Direitos de publicação reservados à:
Fundação Editora da Unesp (FEU)
Praça da Sé, 108
01001-900 – São Paulo – SP
Tel.: (0xx11) 3242-7171
Fax: (0xx11) 3242-7172
www.editoraunesp.com.br
www.livrariaunesp.com.br
atendimento.editora@unesp.br

CIP-Brasil. Catalogação na publicação
Sindicato Nacional dos Editores de Livros, RJ

A186e

Adorno, Theodor W., 1903-1969
   Ensaios sobre psicologia social e psicanálise / Theodor W. Adorno; tradução Verlaine Freitas. – 1.ed. – São Paulo: Editora Unesp, 2015.

   Tradução de: *Soziologische Schriften I* (seleção) e *Kulturkritik und Gesellschaft II* (seleção)
   ISBN 978-85-393-0592-6

   1. Psicanálise – Discursos, ensaios, conferência. 2. Psicologia social – Discursos, ensaios, conferências. I. Título.

15-22816
CDD: 131.34
CDU: 159.964.2

Editora afiliada:

Asociación de Editoriales Universitarias
de América Latina y el Caribe

Associação Brasileira de
Editoras Universitárias

Sumário

Introdução à Coleção . *7*

Apresentação à edição brasileira . *11*

Ensaios sobre psicologia geral e psicanálise . *41*

    A psicanálise revisada . *43*

    Sobre a relação entre sociologia e psicologia . *71*

    Antissemitismo e propaganda fascista . *137*

    Teoria freudiana e o padrão da propaganda fascista . *153*

    Observações sobre política e neurose . *191*

    Tabus sexuais e direito hoje . *199*

    Teses sobre a necessidade . *229*

Índice onomástico . *237*

Introdução à Coleção

Figura maior no panorama filosófico do século XX, Theodor W. Adorno foi responsável por uma experiência intelectual gerada pela confrontação incessante da filosofia com o "campo da empíria", em especial a Teoria Social, a Crítica Literária, a Estética Musical e a Psicologia. Nessa desconsideração soberana pelas fronteiras intelectuais, estava em jogo a constituição de um conceito renovado de reflexão filosófica que visava livrá-la da condição de discurso que se restringe à tematização insular de seus próprios textos. Sempre fiel a um programa que traçou para si mesmo já em 1931, quando assumira a cadeira de professor de Filosofia da Universidade de Frankfurt, Adorno construirá uma obra capaz de realizar a constatação de que: "plenitude material e concreção dos problemas é algo que a Filosofia só pode alcançar a partir do estado contemporâneo das ciências particulares. Por sua vez, a Filosofia não poderia elevar-se acima das ciências particulares para tomar delas os resultados como algo pronto e meditar sobre eles a uma distância mais segura. Os problemas filosóficos encontram-se contínua e, em certo sentido, indissoluvelmente presentes nas questões mais determinadas das ciências particulares".[1] Essa característica interdisciplinar do pensamento adorniano permitiu que seus leitores desenvolvessem pesquisas em campos distintos de saberes, colaborando com isso para a transformação da Teoria Crítica em base maior para a reflexão sobre a contemporaneidade e seus desafios. Uma transformação que influenciou de maneira decisiva a constituição de tradições de pesquisa no Brasil, a partir sobretudo da década de 1960.

No entanto, o conjunto limitado de traduções das obras de Adorno, assim como a inexistência de uma padronização capaz de fornecer aparatos críticos indispensáveis para textos dessa complexidade, fez que várias facetas e momentos do pensamento adorniano ficassem distantes do público leitor brasileiro. Foi o desejo de suprir tal lacuna que nos levou a organizar esta Coleção.

A Coleção editará os trabalhos mais importantes de Theodor Adorno ainda não publicados em português, assim como algumas novas traduções que se mostraram necessárias tendo em vista padrões atuais de edição de textos acadêmicos. Todos os seus volumes serão submetidos aos mesmos critérios editoriais. Registrarão sempre a página original da edição canônica das *Gesammelte Schriften* e dos *Nachlaß*, indicada por duas barras verticais inclinadas (//) no texto. Serão sempre acompanhados por uma Introdução, escrita por especialistas brasileiros ou estrangeiros. Tal Introdução tem por função contextualizar a importância da obra em questão no interior da experiência intelectual adorniana, atualizar os debates dos quais esta fazia

---

[1] T. W. Adorno, Die Aktualität der Philosophie. In: *Gesammelte Schriften I*, Frankfurt a. M.: Suhrkamp, 1973, p.333-4.

Ensaios sobre psicologia social e psicanálise

parte, assim como expor os desdobramentos e as influências da referida obra no cenário intelectual do século XX. Ao final, o leitor encontrará sempre um índice onomástico. Em todos os volumes serão inseridas apenas notas de contextualização, evitando-se ao máximo a introdução de notas de comentário e explicação. Trata-se de uma convenção que se impõe devido à recusa em interferir no texto adorniano e em projetar chaves de interpretação.

Há quatro coletâneas exclusivas desta Coleção. Duas seguem a orientação temática das *Gesammelte Schriften*: *Escritos sobre música* e *Escritos sobre sociologia*. Nesses dois casos, os critérios de escolha dos textos foram: importância no interior da obra adorniana ou ineditismo de abordagem (assuntos relevantes, porém pouco abordados em outros textos).

As duas outras coletâneas, *Indústria cultural* e *Ensaios sobre psicologia social e psicanálise* justificam-se em virtude de algumas especificidades da recepção brasileira da obra de Theodor Adorno. Sabemos que um dos públicos mais importantes de leitores universitários de Adorno encontra-se em faculdades de Comunicação e pós-graduações de Estudos de Mídia. Por isso, a edição de uma coletânea com alguns textos fundamentais sobre indústria cultural e cultura de massa visa, sobretudo, a alimentar o debate que ali se desenvolve. Isso também vale para outro importante público-leitor de Adorno no Brasil: os pesquisadores de Psicologia Social e Psicanálise.

Se a dialética pode ser pensada como a capacidade de insuflar vida no pensamento coagulado, então uma abordagem dialética do legado de Adorno não pode abrir mão dessa perspectiva crítica, como já sugeria o Prefácio de 1969 à segunda edição da *Dialética do esclarecimento*, obra escrita em parceria com

Max Horkheimer: "não nos agarramos a tudo o que está dito no livro. Isso seria incompatível com uma teoria que atribui à verdade um núcleo temporal, em vez de opô-la ao movimento histórico como algo de imutável". Pensar o atual teor de verdade do pensamento de Adorno significa, portanto, a dupla tarefa de repensá-lo em face dos dilemas do mundo contemporâneo e refletir sobre o quanto esses dilemas podem ser iluminados sob o prisma de suas obras.

Comissão Editorial

Jorge de Almeida
Ricardo Barbosa
Rodrigo Duarte
Vladimir Safatle

Apresentação à edição brasileira

Crítica da Psicologia

A bem-vinda compilação dos textos de Theodor Adorno sobre psicanálise e psicologia social merece uma apresentação circunstanciada. Sem isso se perderá a radicalidade de suas intuições e a novidade de sua crítica. Adorno dizia que "na psicanálise nada é tão verdadeiro quanto seus exageros",[1] pois bem, se poderia dizer que, na recepção brasileira de suas obras psicológicas, *tudo é verdadeiro, exceto seus exageros*. Nada mais acrônico do que pensar que o autor de *A psicanálise revisada* seria uma espécie de oponente da psicanálise, ou que o que ele mesmo chamava de "psicologia social analiticamente orientada" seria uma espécie de psicologia social liberta da psicanálise. Portanto, a primeira confusão a desfazer diz respeito ao acolhimento disciplinar e departamental deste aspecto do pensamento de Adorno.

Devemos lembrar que em 1912 a nomeação do psicólogo experimental Erich Jaench para a cátedra de Filosofia de

---

[1] T. W. Adorno (1951), *Minima Moralia*, Lisboa: Edições 70, 1990, p.39.

Marburg, preterindo Ernst Cassirer, desencadeou forte e organizada reação por parte dos filósofos alemães. Em 1913 aparece o manifesto assinado por 106 professores contra o que entendiam ser uma usurpação da filosofia pela psicologia. Este acontecimento deixou marcas indeléveis na cultura universitária alemã e explica por que a convivência entre as duas disciplinas, naquele país, é ainda hoje problemática.[2] Compreende-se assim que alguém como Adorno, que havia estudado filosofia, psicologia e sociologia na Universidade Johan Wolfgang Goethe nos anos 1920, conhecesse bem tanto os argumentos kantianos contra a psicologia racional quanto sua renovação empreendida por Husserl, aliás, objeto teórico de sua tese de 1924. Engendrar um novo tipo de pesquisa, que ao mesmo tempo respondesse às exigências científicas e empíricas das ciências psicológicas e sociais, e estivesse à altura da crítica filosófica dos conceitos e da dialética da razão, objetiva e subjetiva, emerge como tarefa urgente nesse contexto. O que ajuda a entender por que Adorno jamais se deixou afastar da noção de natureza, empregou escalas psicotécnicas e estatística em sua investigação sobre a personalidade autoritária criticando, ao mesmo tempo, metodicamente, o metodologismo psicológico, o territorialismo acadêmico e a administração ordenada dos saberes.

O encontro com a psicanálise permitia responder a este duplo critério desde que se fizesse um reparo importante, em vez da pesquisa empírica psicológica tradicional, o fundamento "sensível" da psicanálise é a clínica e a psicopatologia. Neste

---

2 M. Kaise-El-Safti; W. Loh, *Die Psychologismus-Kontroverse*, Göttingen: Vandenhoeck & Ruprecht, 2011.

ponto Adorno alinha-se ao empreendimento consagrado pela epistemologia marxista dos anos 1930, de Politzer a Lukács, e, nos anos 1960, absorvido pela tradição francesa de Séve e Althusser, que buscava uma teoria crítica do sujeito psicológico. Isso significava recusar tanto a psicologia acadêmica, herdeira do neokantismo do século XIX, baseada na descrição de processos mentais, divididos em funções psíquicas que redundavam em uma atomização da experiência, quanto a psicologia experimental nascente dos herdeiros de Wundt, que depositava demasiada confiança nos métodos que objetivavam a experiência psicológica em comportamentos, atitudes e disposições.

Desligada do aparato universitário oficial e distante da tradição filosófica convencional, a psicanálise parecia uma candidata suficientemente forte para responder a tais exigências. Note-se que aqui abre-se o caminho para considerarmos a psicanálise como uma antipsicologia e uma antifilosofia. É importante lembrar a estada de Adorno em Viena, por volta de 1925, onde, além de seus estudos musicais, ele se depara com a psicanálise como uma força emergente para as vanguardas artísticas, científicas e culturais. Separar a psicanálise das tradições psicológicas que a antecederam, valorizar seu veio empírico, enquanto método clínico, bem como defender o caráter não metafísico da noção freudiana de inconsciente parecem ter sido o objetivo da segunda tese de Adorno, em sua habilitação para a docência: *O conceito de inconsciente e a Teoria transcendental da psique*. Ainda que seu manuscrito tenha sido recusado por seu orientador, a proposta teria sido mostrar, contra as variedades psicológicas do inconsciente em Nietzsche ou Spengler, como na psicanálise o inconsciente era uma "arma afiada contra toda tentativa de criar uma metafísica dos instintos e deificar completamente uma natureza orgânica".[3]

Entre 1937 e 1949, o pensamento de Adorno está marcado por um segundo contato com a psicanálise. Desta vez ela é uma força ascendente nos Estados Unidos, marcada pelo contexto da Segunda Guerra Mundial. A imigração obrigou muitos psicanalistas a refazer ou fazer cursos de medicina para se habilitarem a clinicar. Outros tantos dependiam de compromissos acadêmicos ou institucionais para encontrar trabalho e reconhecimento. Uma parte expressiva deles era egressa de perseguições antissemitas e estava exposta à vigilância contra o pensamento de esquerda. É um período no qual a psicanálise se depara com os primeiros efeitos de sua própria institucionalização. A controvérsia em torno das regras de formação, as querelas teóricas e a polêmica em torno da apropriação do legado de Freud tornavam a psicanálise norte-americana dos anos 1940-1950 um assunto complexo e politicamente explosivo. Os psicanalistas tinham contra si a difícil tarefa de fazer reconhecer a legitimidade de suas concepções segundo critérios de cientificidade um pouco distintos dos padrões europeus. Eles se viam obrigados a dialogar e a incorporar teorias locais de grande prestígio como a psicologia do desenvolvimento (René Spitz), o pragmatismo da medicina psicossomática (Franz Alexander) e o culturalismo antropológico (Margareth Mead e Ruth Benedict). Nesse contexto a psicanálise começa a ser desdobrada em inúmeras abordagens clínicas congêneres, como a psiquiatria psicodinâmica (Adolf Meyer), a psicotera-

---

3 S. Müller-Doohm, *Adorno: A Biography*, Malden, MA: Polity Press, 2005.

pia interpessoal (Harry Sullivan) e os testes psicométricos de cunho projetivo (David Rapaport).

O culturalismo neofreudiano: Fromm e Horney

A tendência que Adorno designa como culturalista, neofreudiana ou mais especificamente revisionista tem em comum a objeção de que o pensamento de Freud era demasiadamente dependente de seu contexto de invenção: uma sociedade patriarcal, repressiva, cujo moralismo teria se infiltrado nas concepções psicanalíticas. Ademais como neurologista e pesquisador em ciências naturais, Freud teria se deixado levar demasiadamente pelas ideias deterministas de sua época. Daí o projeto de reformular a teoria de Freud à luz das novas concepções da psicologia e da antropologia, bem como fazer uma revisão de suas concepções, principalmente sobre a mulher, a homossexualidade, o casamento e a maternidade. O termo escolhido por Adorno para caracterizar esta forma de psicanálise, ou seja, *revisionista*, sugere uma analogia entre a renovação do pensamento de Freud, feita pelos emigrados centro-europeus em solo americano, e as diferentes interpretações de Marx, feitas pelos socialistas, pelos trotskistas e até mesmo pelos partidos comunistas. Os revisionistas americanos podem ser agrupados entre os culturalistas, como Erich Fromm, Karen Horney e Erik Erikson, e os que tentam introduzir a psicologia do eu no interior da psicanálise, como Kris, Hartman, Nunberg e Löwenstein.

A crítica de Adorno a Erich Fromm traz um contexto adicional. Fromm fora diretor do Instituto de Pesquisa Social de Frankfurt em 1930, quatro anos depois tornava-se professor na Universidade de Columbia (Nova York) e nove anos mais tarde deixava a Escola de Frankfurt, segundo seus críticos, em função de sua "falta de ódio pelo existente".[4] Fromm reviu o conceito de necessidade no contexto do relativismo sociológico introduzindo valores como: relacionalidade, transcendência, enraizamento, senso de identidade, orientação, estimulação, unidade e efetividade. Fromm substituiu o peso da sexualidade em psicanálise pelo papel da emotividade e parecia propugnar um conceito bastante liberal de liberdade, incluindo-se aí o papel da família, responsável pela interiorização de um supereu menos cruel, sobrepujado pelas experiências de amor e segurança. Em 1943, com a morte de Karl Landauer no campo de concentração de Bergen-Belsen, o projeto de uma pesquisa interdisciplinar deixa de contar com a participação de psicanalistas. Alexander Mitscherlich acaba mitigando esta dificuldade, mas já em outro momento, no qual ele precisa dividir sua dedicação aos estudos críticos com a medicina psicossomática e com a própria resistência cultural à reintrodução da psicanálise na Alemanha do pós-guerra.

O foco da crítica de Adorno aos culturalistas é Karen Horney, de quem Erich Fromm se aproxima até a fundação do Instituto de Psiquiatria, Psicanálise e Psicologia William Alanson White, em 1946. O caso Horney afigura-se assim como início de uma série de tentativas de corrigir criticamente as teses freudianas, de anunciar seu anacronismo, de decretar sua obsolescência, de instituir seu limite histórico, sem nenhuma atenção ou advertência ao sentido ideológico deste movimento.[5]

---

4 R. Wieggershaus, *A Escola de Frankfurt*, Rio de Janeiro: Difel, 2002.
5 J.-M. Rabaté, The Death of Freud: What Is to Be Preferred, Death or Obsolescence? *Qui Parle: Critical Humanities and Social Sciences*, v.19, n.1, outono-inverno de 2010, p.37-63.

Desde sua conturbada análise com Karl Abraham em Berlim, até sua extensa atividade de ensino, primeiro em Chicago e depois em Nova York, Horney colocou-se contra as teses freudianas sobre a sexualidade feminina, em particular a ideia de que as mulheres interpretariam o próprio corpo como deficitário, experienciando a castração nos termos do sentimento de inveja do pênis (*Penis Neid*). Uma leitura alternativa será buscada por Horney nos termos de uma teoria psicanalítica da identidade da mulher. Ora, uma concepção como esta é, senão secundária, ausente em Freud. Isso levou Horney a expandir e investigar a gênese do eu, sua necessidade de amor, bem como as primeiras experiências de apego e ligação, de natureza não necessariamente sexual, mas que ainda assim teriam lugar fundamental na formação da personalidade. Adorno critica este movimento, que coloca, no lugar do problema freudiano das pulsões de autoconservação, uma teoria essencialista das paixões, da identidade e da liberdade pré-constituída.

É possível que a eleição de Horney, como interlocutora e paradigma da psicanálise neofreudiana, deva-se também ao fato de que em 1936 ela visita Berlim, onde profere a conferência "A necessidade neurótica de amor", assistida por Mathias Göring, diretor do Instituto de Psicoterapia (arianizada), que a parabeniza pelo seu antifreudismo.[6] Neste sentido, Adorno é um dos primeiros a perceber a complexidade do processo de imigração dos psicanalistas, os impasses trazidos pela disseminação cultural da psicanálise, bem como as negociações "revisionistas" que foram oferecidas em troca da subsistência.

---

6 E. Roudinesco; M. Plon, *Dicionário de psicanálise*, Rio de Janeiro: Jorge Zahar, 1997, p.356.

Já na década de 1930 a crítica da teoria freudiana da feminilidade não era um problema isolado para os psicanalistas, mas as diferentes soluções encontradas, seja por Helene Deutsch, por Joan Riviere e até mesmo por Melanie Klein, não são cotejadas por Adorno. Ele privilegia o exame discursivo do vocabulário de Horney, denunciando suas origens nas teorias psicológicas do século XIX. Publicado em 1937, *A personalidade neurótica de nossa época*[7] pertence ao gênero de investigação psicanalítica que tenta captar as mudanças nas formas de sofrimento em termos de variações culturais, cuja origem é o artigo de Freud sobre a *Moral sexual civilizada e doença nervosa moderna*.[8] O principal movimento clínico do texto é deslocar a etiologia das neuroses da sexualidade para a necessidade neurótica de afeto. A recusa ou impossibilidade intersubjetiva de partilhar a formação de afetos, emoções e sentimentos assume valor patógeno não quando se consideram sintomas como conversões histéricas, ideias obsessivas ou fobias, mas quando, na apresentação clínica predominam sintomas como depressões, sentimentos de inadequação e transtornos de caráter.

Deriva de Horney a tese desenvolvida por Arthur Koestler[9] sobre a neurose política. Como muitos liberais contemporâneos que querem patologizar a psicologia de seus oponentes, Koestler quis ver uma relação entre experiências infantis neurotizantes e disposições políticas. Apesar do estudo sobre a *Personalidade autoritária* ter sido recebido e interpretado nesta

---

7 K. Horney, *La Personalité nevrotique de notre temps*, Paris: L'Arche, 1953.
8 S. Freud (1908), *Die Kulturelle Sexualmoral und die Moderne Nervosität*. Sigmund Freud Studienausgabe, v.IX, Frankfurt: Fischer, 1975.
9 T. W. Adorno (1954), *Observações sobre política e neurose*. Ver neste volume, p.191-8.

direção, aqui Adorno é enfático: a *libido política* é mais um caso de sociologização de conceitos psicanalíticos. O "recalque da culpa" como explicação para a ascensão do nazismo é outro exemplo de uso do conceito em senso comum. "Não há nenhuma 'neurose política'",[10] nem de esquerda nem de direita. Os indivíduos autoritários não são mais neuróticos do que outros.

Em Horney não é a angústia que funciona como afeto fundamental, como em Anna Freud, mas sentimentos sociais como a busca de poder, de prestígio e de posse. Isso a leva a localizar, no centro do conflito neurótico, a competição e a concorrência. Diante dele a resposta neurótica, apresenta-se, principalmente, como evitação e fuga. Isso explicaria a gênese do sentimento neurótico de culpa e sua adesão ao sofrimento, em particular o sofrimento masoquista.

Esta dessexualização do conflito se ligará com um entendimento um tanto restrito do conceito freudiano de repetição. Para Horney o metadiagnóstico da neurose é a infantilização, daí que sua cura seja orientada para o progresso e maturidade. O neurótico seria alguém fixado na infância, não havendo nada de muito novo na constituição do indivíduo depois dos cinco anos de idade. Daí a fragilidade da teoria freudiana para lidar com as dificuldades da vida adulta, sem reduzi-la a repetições de padrões infantis. E o principal conflito da vida adulta seria a conquista da autonomia. Adorno percebe a fragilidade da noção de autonomia aqui empregada, ainda mais se ela se apoia na redução da importância das experiências infantis destrutivas e sexuais e em um conceito identitarista de repetição.

---

10 Ibid., p.196.

Theodor W. Adorno

Psicoterapia

Começa a se formar aqui uma espécie de constelação de temas que serão reaproveitados pelo empreendimento crítico adorniano. Por exemplo, a identidade não pode ser pensada como uma totalidade originária, harmoniosa e unificada. Ela obtém tal apresentação por meio de "um sistema de cicatrizes, que somente poderiam ser integradas sob sofrimento",[11] um dano (*Beschädigung*) que se repete porque sua experiência não se concluiu. Por isso os sintomas são "os fenômenos propriamente críticos da psicologia"[12] e não sua acomodação narcísica em uma caracterologia que deriva da identificação do eu com a história do sofrimento que o constituiu. Ou seja, antes de sua expressão masoquista, sua incorporação como traço de caráter e do apego à sua inerente compulsão repetitiva, Adorno valoriza o sentido formativo da experiência de sofrimento e dor física, instante de "identidade [ainda que negativa] entre sociedade e indivíduo".[13] Para o autor de *A psicanálise revisada*, uma concepção que pensa a individualização a partir de experiências genéricas de segurança ou satisfação tende a localizar a etiologia de tais sintomas nas "relações humanas" e não em fatos mais específicos como o sistema de contradições que é o Complexo de Édipo. Daí que, isento de contradições e antagonismos, o indivíduo assim considerado só pode ser efeito de uma pseudoindividualização.

Lembremos que um dos problemas clínicos centrais da psicanálise dos anos 1940 refere-se a como mitigar a força

---

11 T. W. Adorno (1952), *A psicanálise revisada*. Neste volume, p.48.
12 Ibid., p.49.
13 T. W. Adorno (1966), *Sobre a relação entre sociologia e psicologia*. Neste volume, p.134.

opressiva e cruel do supereu. A perspectiva dos culturalistas neofreudianos pensará a formação da moral, a relação com a autoridade e a interiorização da lei antecipando a relação entre normas e valores, confundindo causa e consequência, exatamente como faziam os autores da filosofia moral pré--kantiana. Este procedimento encobre dois problemas cruciais, produzindo a ilusão de tê-los explicado. O primeiro problema diz respeito à origem e dissolução psicológico-genética das representações morais na origem do supereu, ou seja, qual seria o fundamento real da lei? Ela se origina na mera incorporação da normatividade exterior ou há algum elemento pré-moral, amoral, no próprio sujeito? O segundo problema que interessa a Adorno, e que é obstruído pelo culturalismo, diz respeito à origem do sentimento neurótico de culpa. Seria ele um sucedâneo do contraste com os valores *ad-hoc* implantados pelo processo civilizatório? Em caso contrário, qual seria sua experiência fundadora, a concorrência, o medo à liberdade, a perda da segurança e da espontaneidade,[14] ou o desamparo e a angústia (*Hilflosigkeit*)? Aqui a solução adorniana antecipa as pesquisas de Lacan: a formação da moral e seu sentimento de culpa não derivam de uma distorção da lei, mas do fato de que a própria lei, ela mesma, comporta grande dose de irracionalidade. É por isso que "as experiências de impotência real são tudo, exceto irracionais; nem mesmo propriamente psicológicas",[15] ainda que elas estejam no núcleo de nossa experiência moral.

Adorno introduz aqui uma ideia de grande repercussão para a psicologia vindoura. A aceitação social de uma teoria psico-

---

14 Adorno (1952), *A psicanálise revisada*. Neste volume, p.57.
15 Adorno (1955), *Sobre a relação entre sociologia e psicologia*, p.111.

lógica pode ser apenas a confirmação robusta e tautológica da perspectiva de adaptação do indivíduo a uma sociedade. Uma concepção psicológica pode ser percebida como verdadeira justamente porque se apossa e confirma os processos ideológicos de individualização que a tornam necessária. A imagem de um homem positivo, dotado de autoconfiança, iniciativa e coragem, cheio de talentos e potencialidades surge assim no lugar do homem desamparado e trágico de Freud. A confiança em relações autônomas, livres de conflito, produzidas por homens já autônomos, agentes livres de contratos livremente estabelecidos, não era uma ilusão freudiana. Assim ele se esquivava do erro de não perceber nestas mesmas relações a onipresença da forma mercadoria e seu princípio de não equivalência e falsa-liberdade. Daí a fórmula de que "Freud tinha razão onde ele não tinha razão",[16] ou seja, onde ele não aplicou a razão para pensar psicanaliticamente a iniquidade dos contratos humanos, a autonomia e a liberdade sob o capitalismo. A reação contra os "traços despóticos do pensamento freudiano"[17] produziu um monstro de docilidade conformista, ratificando a sociedade patriarcal e androcêntrica que Horney e Fromm gostariam de criticar.

O que não se percebeu com clareza é que a crítica de Adorno contra o tratamento psicanalítico volta-se, majoritariamente, contra as consequências desta culturalização quanto aos objetivos da cura. Freud teria sido mais franco ao assumir a natureza mediada da terapia, do que Horney e Erich Fromm, ao valorizar cura pela aprovação e calor humano. O uso do amor

---

16 Adorno (1952), *A psicanálise revisada*. Neste volume, p.62.
17 Ibid., p.61.

como um instrumento psicoterápico, a postulação de categorias semidiagnósticas, como a dependência patológica, o horizonte explícito de busca da "adaptação social do paciente", são defletidos por Adorno com o uso rigoroso dos textos de Freud sobre a técnica e mais precisamente sobre o "amor de transferência":

> Da análise do inconsciente, eles fazem uma parte da cultura de massa industrializada; de um instrumento do esclarecimento, um instrumento da aparência ilusória de que sociedade e indivíduo se recobrem, tal como a adaptação à realidade onipotente e a felicidade.[18]

Admitir que a psicanálise tornou-se parte do problema que pretendida resolver, que sua inevitável culturalização exige um trabalho de crítica interna permanente, não indiferente às demandas conformistas inerentes à sua prática e à promessa terapêutica, foi também o sentido de muitas leituras entre as quais Adorno se inscreve como pioneiro. De Reich a Lacan, de Ferenczi ao casal Torock, reencontramos os mesmos pontos levantados pela crítica seminal de Adorno.

A prática clínica deve ser criticada quanto à irracionalidade de seus fins, adaptação e conformismo social, como "são os campos de trabalho ou de concentração onde ele é 'aprontado', bem integrado",[19] onde sua condição de indivíduo resume-se à de "agente de contratos livres", figura "singularizada" ou "mônada psicodinâmica isolada". Trata-se, portanto, da psicologia como ideologia e da psicoterapia como uma espécie de sutura

---

18 Ibid., p.69.
19 Adorno (1955), *Sobre a relação entre sociologia e psicologia*, p.87.

para o mal-estar trazida pelo grão de verdade do sintoma ou pela experiência histórica do sofrimento. Este é o tipo de indivíduo necessário para uma sociedade totalizada, do qual esta acepção de psicologia é um sintoma social em si mesma.

Contra o conformismo Adorno mobiliza a interpretação do dito freudiano *"Wo Es war, sol Ich werden"*, não como "as forças civilizatórias do eu devem desalojar o irracionalismo do Id", mas como expressão de algo "estoicamente vazio".[20] Vige aqui ainda a crítica kantiana da psicologia, na qual o núcleo da ideia de liberdade é irreconciliável com o mundo empírico, nem comensurável com a forma como os seres humanos e instituições são hoje.[21] Por isso "toda imagem de ser humano é ideologia, exceto a negativa".[22] Para além da fraude psicoterapêutica baseada na busca da adaptação, Adorno interessa-se realmente pelo *telos* terapêutico da psicanálise, chegando a formular a tese de que:

> O antagonismo social reproduz-se no objetivo da análise, que não mais sabe, nem pode saber, para onde quer conduzir o paciente, se para a felicidade da liberdade ou para a felicidade na não liberdade.[23]

Eu, indivíduo, sujeito

Considerando que a psicanálise seria a "única [forma de psicologia] que investiga seriamente as condições subjetivas

---

20 Ibid., p.90.
21 Ibid., p.101.
22 Ibid., p.103.
23 Ibid., p.122-3.

da irracionalidade objetiva",[24] resta saber qual seria sua forma particular de apreender este objeto, que não é um objeto, chamado sujeito. Vemos aqui Adorno trabalhar dois conceitos que são quase ausentes em Freud, mas que adquirem importância singular para pensar a separação entre sociedade e consciência individual, a saber, "estrutura" e "personalidade", o primeiro mais sociológico, o segundo mais psicológico. Sua introdução em psicanálise responde a uma grande preocupação como o que era entendido pelos pós-freudianos como uma lacuna na teorização psicanalítica: o eu. Entre os que pensavam o eu em oposição aos objetos e os que consideravam o eu em oposição às suas figuras de alteridade, Adorno escolhe reter a contradição: o eu "é uma parcela da pulsão e ao mesmo tempo um outro".[25]

Lembremos que o eu [*Ich*] é um conceito relativamente tardio em Freud. Até 1914, com *Introdução ao narcisismo*,[26] o eu era uma massa de representações, um sistema de inibições apto a se dividir diante do conflito, representante das disposições morais e o representante de um dos polos do conflito gerador de sintomas, o polo das pulsões de autoconservação, que se opunham às pulsões sexuais. É só com a chegada dos problemas relativos às psicoses, trazidos pelo grupo suíço (Jung, Bleuler) e berlinense (Abraham), que Freud reconhece que a teoria da gênese de sintomas não pode prescindir de uma patologia da formação do eu. O texto sobre o narcisismo e a reformulação de 1923 com a tópica do eu, Id e supereu dão margem assim

---

24 T. W. Adorno (1955), *Sobre a relação entre psicologia e sociologia*. Neste volume, p.72.
25 Ibid., p.125.
26 S. Freud (1914), *Zur Einführung des Narzissmus*. Sigmund Freud Studienausgabe, v.III, Frankfurt, Fischer: 1975.

a muitas adições e reinterpretações. Levada a cabo por grande parte dos psicanalistas dos anos 1940 e 1950, interessados em extensões clínicas envolvendo a clínica das psicoses, a psicanálise com crianças e o tratamento de adolescentes "difíceis", a reformulação da teoria do narcisismo e sua junção com a então chamada hipótese estrutural animaram os empreendimentos de Anna Freud, Melanie Klein, Lacan e Winnicott. Mas nenhum desses autores é mencionado por Adorno. Talvez isso ocorra porque neles uma teoria da gênese ou constituição do sujeito não se faz à custa da recusa da patogênese sexual, razão e raiz tanto da premissa do antagonismo quanto da sensibilidade e ainda da experiência fundamental de não identidade no interior do sujeito. O próprio Adorno participará deste movimento ao propor que "o conceito do eu é dialético, psíquico e não psíquico".[27]

Quanto a Anna Freud, a crítica de Adorno passa pela ideia de que ao descrever categorialmente os mecanismos de defesa do eu,[28] ela confundiria planos lógicos distintos. Por exemplo, recalque e regressão não são separáveis e não pertencem ao mesmo plano de processos como identificação e formação reativa. A dissolução da sublimação no recalque também deixa de lado as diferenças metapsicológicas salientadas por Freud para estes dois destinos da pulsão. Aqui Adorno novamente adota um caminho análogo ao de Lacan. Ambos parecem ter percebido que a problemática relação entre a teoria das pulsões e a teoria do

---

27 Adorno (1955), *Sobre a relação entre sociologia e psicologia*, p.107.
28 "Recalque, regressão, formação reativa, isolamento, anulação retroativa, projeção, introjeção, volta para a própria pessoa, inversão ao contrário." (Ibid., p.114.)

inconsciente em Freud se resolve se entendemos que nos dois casos trata-se de recursos para descrever trajetos de negação. Quando Adorno fala em *planos lógicos distintos* pode-se entender que o tipo de negação envolvida em um processo como a idealização ou a identificação, que envolvem a relação ao objeto, não deve ser confundido com o recalque, a sublimação, a volta para a própria pessoa ou a inversão ao contrário, que são destinos da pulsão. A ambivalência, dirigida às imagos parentais, não deve ser posta ao lado da formação reativa, do isolamento ou da anulação retrospectiva, processos típicos da formação de sintomas na neurose obsessiva. Deste diagnóstico semelhante chegamos ao tratamento análogo da instância que resiste à contradição, ou seja, o eu, em si mesmo formado pela alienação e pela projeção. Para Adorno, assim como para Lacan, o eu deve ser desconstruído (*abbauen*). Longe de ser uma instância frágil na neurose, ou desarmônica na psicose, o eu é desde sempre demasiadamente forte. Daí a crítica de Adorno contra a dualidade de fins terapêuticos, proposta por Anna Freud. Lembrando que para esta, na neurose, as defesas do eu devem ser vencidas enquanto na psicose elas devem ser cultivadas. Com este comentário Adorno mostra-se também um precursor da crítica psicanalítica do neurótico-centrismo e da intuição de que certos diagnósticos são diferencialmente aplicados, por exemplo, a neurose para os ricos, a esquizofrenia para os pobres.[29]

Se Adorno e Lacan concordam no diagnóstico de que há uma insuficiência na teoria psicanalítica do narcisismo, a qual deveria explicar a gênese e estrutura do eu, eles não encaminham soluções do mesmo tipo. Para resolver esta questão será

---

29 Ibid., p.123.

preciso estar atento às variedades de produção do conceito e da experiência que concerne ao indivíduo: o eu psicológico, a pessoa jurídica, o sujeito do conhecimento, o *self* das narrativas da intimidade. Adorno não se contentará com domesticação de conceitos originariamente radicais como a castração e a interiorização da violência, com a neutralização do conflito nem com a defesa teórica de uma moralidade conformista acomodada sob a égide de uma epistemologia baseada no "pluralismo biológico-sociológico-econômico".[30] Em vez de falsamente unificar as áreas de incidência, ou distribuir metodologicamente seu objeto, ele prefere manter o conceito de indivíduo, como forma de estudar sua autocontradição. Portanto, se recusará tanto a diluição do sujeito na categoria de indivíduo, quanto sua autonomização das noções de pessoa, eu ou *self*.

O que aproxima a perspectiva de Adorno com a de Lacan não é apenas uma homologia entre conceitos, uma paridade de diagnósticos, nem mesmo uma crítica comum aos descaminhos da psicanálise dos anos 1950, mas uma apreensão dialética, negativa, da tarefa teórica e de suas condições de possibilidade práticas.[31]

Aqui reencontramos de forma aguda o princípio da primazia do objeto e sua crítica das disciplinas e da distribuição social dos saberes. Mais uma vez, aquilo que pode ser lido como uma falha ou insuficiência de Freud deve ser refletido enquanto tal, antes de ser saneado por um avanço complementar. Ao pensar além das distinções universitárias, a psicanálise imprimiu um

---

30 Adorno (1952), *A psicanálise revisada*. Neste volume, p.60.
31 V. Safatle, *A paixão do negativo: Lacan e a Dialética*, São Paulo: Editora Unesp, 2005.

ponto de vista da totalidade, que, ainda que falso como método, apreende uma correta condição epistemológica do objeto.

Método

Aqui entramos em outro plano de contribuição das críticas adornianas à psicanálise, ou seja, o plano do método. Entre indivíduo e sociedade não há uma relação de inclusão, ao modo gênero e espécie, ou de oposição simples, entre abstrato e concreto, mas de contradição real, entre particular e universal. Assim como a crítica a Horney estabelece uma espécie de paradigma de socialização da psicologia, a crítica a Talcott Parsons mostrará o caso inverso, de psicologização da sociologia. Adorno denuncia no funcionalismo-estrutural do autor de *O sistema social* a falsa diferença entre motivações econômicas, como o interesse e o lucro, e as motivações psicológicas, como o medo e a vingança. Para Adorno "a energia pulsional do *homo oeconomicus*, que comanda o *homo psycologicus*, é o amor",[32] pelo qual o indivíduo é instado a amar aquilo que outrora odiou, em seu processo civilizatório. Um dos efeitos desta inversão, interna ao processo civilizatório, é que a irracionalidade social que constrange os indivíduos torna-se opaca, ao mesmo tempo em que eles creem na transparência dos processos econômicos, bem como se entregam em sua paixão autoiludida pelas instituições.

A diferença entre indivíduo e sociedade não é qualitativa, por isso nenhuma síntese científica pode reunificar o objeto que é de saída dividido. Do lado do indivíduo sua cicatriz

---

[32] Adorno (1955), *Sobre a relação entre sociologia e psicologia*, p.78.

constitutiva é a diferença, tanto como pressão social de homogeneidade quanto em seu caráter de cifra de liberdade. Se a contradição entre sociedade e indivíduo é ela mesma social, o que se encontra como falso correlato ideológico é a tendência à emancipação dos conceitos psicológicos. Portanto, quando Heinz Hartmann elogia em Parsons a formação de uma *linguagem conceitual* comum entre sociologia e psicologia, confiando no sentido positivo de noções como *função lógico-observadora*, *teste de realidade* e *adaptação*, isso não corresponde mais a uma interação epistemológica do que a incorporação inquestionada da própria psicologia enquanto discurso monadológico do indivíduo. Voltamos ao tema da ciência sem consciência.

Percebe-se assim um segundo sentido para o termo *psicologia* em Adorno. Ele não corresponde apenas ao de uma teoria propriamente dita, com seus conceitos e suas hipóteses explicativas, mas, no caso da psicologia, ele também se refere a certo discurso burguês sobre sua vida privada, com baixa incidência de elementos ligados à produção material. É neste sentido que Lukács falava da esquizofrenia como consequência da alienação social do sujeito que: "quanto mais adequado à realidade, tanto mais se transforma ele próprio em coisa".[33] É também nesta direção que se pode dizer, com Adorno, que Marcel Proust era um "psicólogo do eu".[34] Aqui Adorno participa de uma tendência, hoje consolidada, a pensar que nas ciências humanas devemos considerar tanto o plano do conhecimento e da experiência, como racionalidade intrínseca dos conceitos, quanto o plano do discurso, como efeito social da cientificidade que se pratica.

---

33 Ibid., p.94.
34 Ibid., p.109.

No quadro desse interesse pela linguagem ordinária uma perspectiva particularmente fértil inaugurada por Adorno diz respeito à análise da mídia e da propaganda, tendo em vista o delineamento de disposições e modalidades de "personalidade", encontrando assim outro sentido para a tradicional crítica da ideologia. A pesquisa paradigmática *Personalidade autoritária*,[35] na qual Adorno combinou categorias da psicopatologia psicanalítica com escalas estatísticas, apesar de controversa, é ainda um modelo para a pesquisa nesta área. Os famosos nove traços que caracterizam a personalidade autoritária fundam verdadeiras áreas de pesquisa em psicologia social: convencionalismo, submissão à autoridade, agressividade, anti-intelectualismo, antissentimentalismo, superstição e estereotipia, preocupação com poder e força, destrutividade e cinismo, projeção e preocupação exagerada com sexo.

Outra variante do método adorniano, relevante para a pesquisa em psicanálise, é o que se poderia chamar de diagnóstico de época. Inaugurada por Hegel, trata-se, neste caso, de atentar para a relação entre as formas de sofrimento e as formas de alienação da consciência como método para apreender, no tempo e no objeto cultural, as contradições entre sociedade e indivíduo. É importante notar que Adorno publica seus textos em um momento no qual tanto psicanalistas quanto teóricos sociais começam a reconhecer que há uma alteração substancial dos sintomas ocorrentes nas pacientes de Freud e nos pacientes americanos da década de 1950 ou nos pacientes eu-

---

[35] T. W. Adorno; E. Frenkel-Brunswik; D. J. Levinson; R. N. Sanford, *The Authoritarian Personality*, Nova York: Harper and Row, 1950.

ropeus do pós-guerra. Se para Lacan[36] esta mudança aponta para a substituição das neuroses de transferência por neuroses de caráter, e se para Lasch[37] isso culminará em uma nova cultura do sofrimento, narcisicamente organizado, para Adorno a transformação se dará no sentido da paranoia.[38]

> Não há uma "personalidade neurótica de nosso tempo" [...] [no entanto,] Conflitos na zona do narcisismo ocorrem mais hoje do que há sessenta anos, enquanto a histeria de conversão retrocede, e tanto mais são inegáveis as manifestações de tendências paranoicas.[39]

A crítica de Adorno aos métodos da psicologia situa-se entre a crítica da fenomenologia de Husserl e a objeção ao *"absolutismo lógico"* de Wittgenstein, ou seja, não é porque a intencionalidade não pode ser objetivada que ela não exprime uma verdade psicológica. Também não é porque gênese e validade de produtos da cultura são separáveis metodologicamente que elas são independentes objetivamente. A verdade do processo não pode ser substituída pela gênese de sua representação,[40] e é esta ideia de verdade que Adorno quer manter como ponto limite da psicologia, para pensar a divisão do objeto.

Este é o ponto no qual se questiona a antropologia freudiana e sua confiança realista em certas hipóteses empíricas,

---

36 J. Lacan, *Complexos familiares na formação do indivíduo*, Rio de Janeiro: Jorge Zahar, 2005.
37 C. Lasch, *A cultura do narcisismo*, São Paulo: Brasiliense, 1990.
38 T. W. Adorno (1951), *Teoria freudiana e o padrão da propaganda fascista*. Neste volume, p.153-89.
39 T. Adorno (1955), *Sobre a relação entre sociologia e psicologia*, p.112-3.
40 Ibid., p.121.

por exemplo, sobre o parricídio, a horda primitiva e o caráter abstrato do trauma originário.[41] O conceito de racionalização, introduzido em psicanálise por Ernest Jones, é mobilizado para mostrar como há um engano da psicanálise realista, que é confundir a racionalização privada e o autoengano do espírito subjetivo com a inverdade ideológica do espírito objetivo.[42] Mas este engano de método é outra vez um engano produtivo, desde que se supere a falsa oposição entre mito e conhecimento propriamente dito.

Psicologia social analiticamente orientada

Ao longo dos textos aqui reunidos encontramos indicações do que poderia vir a ser uma psicologia social analiticamente orientada. Ela deveria começar estudando os processos de investimento libidinal de objetos e não pela definição do eu ou do indivíduo. O primeiro critério estabelecido para uma psicologia social analítica é partir do máximo de individualidade que se pode atribuir ao indivíduo e não "socializá-lo" completamente de saída. A valorização da teoria da libido tem justamente esta função de reter, ainda que miticamente, o elemento pré-social do indivíduo.[43] O culturalismo psicanalítico mostra-se uma ideologia justamente porque traz consigo, junto com a dessexualização, a reintrodução, sub-reptícia, do conceito de normalidade, escamoteando assim a lógica psicanalítica do conflito, da tensão entre sexualidade e amor, bem como do sadismo.

---

41 Ibid., p.96.
42 Ibid., p.99.
43 Adorno (1952), *A psicanálise revisada*, p.52.

Por isso uma psicologia social crítica deveria começar pela recusa do caráter trivial de nosso catálogo de necessidades e por uma discussão crítica sobre o que são nossas necessidades da vida (*Not des Lebens*), talvez como se tenha antecipado na controvérsia moral de Mandeville. A análise das relações entre necessidade,[44] satisfação e sofrimento deve manter a distância entre psicanálise e teoria social, devendo para isso realizar-se uma "retomada de Freud"[45] para além da lavagem cerebral neofreudiana.

Chegamos assim à terceira acepção de psicologia que podemos encontrar em Adorno, não só a psicanálise, nem a narrativa ideológica do si mesmo, mas a apreensão crítica de certos objetos, como a *imagerie*, as imagens dialéticas de Walter Benjamin, os fenômenos antes escamoteados sob a égide da falsa noção de *"influência"*. Inclui-se aqui o problema da "educação social" e todas as situações nas quais a "espontaneidade" resiste à socialização encontrando seus limites no sujeito.[46]

Neste contexto poderia surpreender, portanto, a recuperação adorniana do conceito freudiano de pulsão, seja a pulsão de autopreservação, seja a pulsão de morte. Este é o conceito dialético, que opera a negatividade no interior do pensamento de Freud, segundo Adorno. Ocorre que esta parece ser a oposição correta para quem busca criticar o princípio de identidade. Se toda a filosofia de Adorno é uma tentativa de tornar possível algo que nos faça ultrapassar o princípio da autopreservação, não devemos olhar para os mecanismos de defesa apenas como

---

44 Adorno (1946), *Teses sobre a necessidade*. Neste volume, p.229.
45 Adorno (1966), *Sobre a relação entre sociologia e psicologia*, p.132.
46 Ibid., p.135.

respostas reflexas de um eu contra algo que lhes seria estranho, marcado pelo signo da angústia, mas observar que tais mecanismos são versões de uma autopreservação narcísica. Contudo, o caminho que leva do interesse utilitarista da maximização de ganhos e minimização de perdas, na esfera do capitalismo, à autopreservação narcísica não é direto. Ele deve ser construído pela análise das mediações levada a cabo por uma psicologia social psicanaliticamente orientada.

Este último caso foi esboçado diretamente por Adorno em sua análise da dessexualização do sexo,[47] no contexto dos tabus sexuais pós-revolução sexual. A perseguição de minorias sexuais, bem como de trabalhadoras do sexo, permanece em nossa sociedade liberalizada. Novos padrões de higiene e ascese narcísica erguem-se de modo ainda mais cruel, dado que o conteúdo do tabu torna-se cada vez mais vazio.[48] Em uma "sociedade de casas de vidro",[49] a prostituição, a pornografia e o sexo infantil tornaram-se tabus remanescentes, que concentram sobre si fantasias de punição e a brutalidade que ainda domina a abordagem autoritária da sexualidade. Nesta direção ainda não se conseguiu estabelecer um conceito real de dano, que poderia estar implicado nas violações que a lei ocidental ainda prevê para o exercício da sexualidade agora pensada como "sexualidade administrada".[50]

A psicologia social psicanaliticamente orientada reúne, portanto, uma reflexão de método, com o acolhimento de

---

47 Adorno, *Tabus sexuais e o direito hoje*. Neste volume, p.205.
48 Ibid., p.207.
49 Ibid., p.210.
50 P. F. Silva, *A liberdade sexual administrada: contribuição à crítica do conformismo*, Curitiba: Juruá, 2010.

considerações sobre o objeto, que não desdenham os temas clássicos da psicologia social: preconceito, atitudes, grupos e instituições. A análise do antissemitismo e da propaganda fascista[51] enquadram-se como casos típicos da análise do fenômeno do preconceito e das conformações de identificação de grupo, que até hoje são replicados em pesquisas na psicologia social.[52] O que Adorno parece ter intuído nesta matéria, e que se coloca como uma consideração importante para pensar a pesquisa psicanalítica ainda hoje, é que, se excetuando os estudos estritamente clínicos, ela deve introduzir teorias de mediação para poder se apropriar de seus objetos. Isso é oposto de culturalizar seus conceitos. As ciências da linguagem, as sociologias críticas, a ontologia negativa e a filosofia dialética tornam-se assim condições de passagem do método psicanalítico, no contexto de sua justificação metodológica.

Por exemplo, a descrição dos esquemas retóricos e as técnicas discursivas, empregados pelos agitadores da Costa Oeste norte-americana dos anos 1950, estabelecem tipos que ainda são referências para a detecção de tendência autoritária: o pequeno grande homem, a promessa indeterminada, a sobriedade cínica associada à "intoxicação psicológica", a apresentação estilizada, a economia da gratidão, o rebaixamento calculado de inibições, a imitação de sentimentos, a revelação e abandono temporário às emoções, o truque do testemunho, assim como o reforço imaginário de "nós" e da comunidade contra os inimigos fabricados. A oferta projetiva de sacrifícios permanece viva na

---

51 Adorno (1946), *Antissemitismo e propaganda fascista*. Neste volume, p.137.
52 L. Crochik, *Preconceito, indivíduo e cultura*, São Paulo: Casa do Psicólogo, 2006.

propaganda atual contra o terror, na religiosidade de resultados, bem como nos mais diferentes discursos de autoajuda e "gerenciamento" de relações humanas. O que se pode extrair como lição deste exemplo é que a psicologia social analiticamente orientada resulta em contribuições diretas ao universo normativo, não se contentando com a descrição reprodutiva do objeto que toma em consideração.

A unidade estrutural do discurso autoritário, seja de natureza paranoica, seja de estilo histérico, nos envia ao estudo fundador deste tipo de psicopatologia da vida cotidiana, ou seja, *Psicologia de massas e análise do eu*.[53] Deste texto Adorno retira a ideia de que as massas precisam manter a libido inconsciente. Não é o amor, mas a reconfiguração dos arcaísmos que organiza a massa. Daí que a propaganda nazista não necessite ser racional, basta que ela mobilize padrões de satisfação "passivamente masoquistas"[54] para que a devoção ao líder se estabeleça. Em estado de grupo satisfazemos narcisicamente nossas idealizações. Diante de nosso desejo de submissão a figura do ditador autoritário é relativamente supérflua. Diante do igualitarismo repressivo não é necessária a invenção de uma nova psicologia ou o entendimento das fórmulas ocultas de dominação, que teriam sido empregadas durante a ascensão dos sistemas totalitários do século passado.

> A experiência os ensinou [os líderes e agitadores autoritários] a fazer uso racional de sua irracionalidade [...] sem saber disso ele

---

53 S. Freud (1921), *Massenpsychologie und Ich-Analyse*. Sigmund Freud Studienausgabe, v.IX, Frankfurt: Fischer, 1975.
54 Ibid., p.83.

é assim capaz de falar e agir de acordo com a teoria psicológica pela simples razão de que a teoria psicológica é verdadeira.[55]

Entenda-se, o fascismo simplesmente coloca em ação a psicologia das massas, espontaneamente dirigida. Na análise do discurso do pregador Martin Luther Thomas, Adorno afirma que sua eficácia reduz-se ao fato de "tomar as pessoas pelo que elas são: genuínas crianças estandartizadas na cultura de massa de quem roubou-se uma grande extensão de sua autonomia e espontaneidade".[56] Os átomos sociais desindividualizados e "pós-psicológicos" são, assim, o tipo de subjetividade ideal para esta identificação de grupo. Registre-se aqui uma sagacidade clínica importante de Adorno: os participantes da massa não se identificam *realmente* (*"de coração"*) com o líder, mas eles "agem [*act*] esta identificação"[57] como uma performance. Daí que se possa falar em uma patologia da crença, em uma espécie de fraudulência compactuada entre o líder e sua massa, no interior da qual as individualidades massificadas "mostram-se" para outras individualidades assim projetivamente constituídas.

Christian Ingo Lenz Dunker
Universidade de São Paulo
Instituto de Psicologia
Departamento de Psicologia Clínica

---

55 Adorno (1951), *Teoria freudiana e o padrão da propaganda fascista*. Nesta edição, p.182-3.
56 Müller-Doohm, *Adorno: A Biography*, p.293.
57 Adorno (1951), *Teoria freudiana e o padrão da propaganda fascista*. Ibid., p.188.

Bibliografia básica recomendada

DAHMER, H. Adorno's view of psychoanalysis. *Thesis eleven*, 111 (97), 2012.

LE RIDER, J. L'allié incomode. In: ADORNO, T. *La psychanalyse revisée.* Paris: L'Olivier, 2007.

MARIN, I. Psicanálise e emancipação na teoria crítica. In: NOBRE, M. (Org.). *Curso livre de teoria crítica.* Campinas: Papirus, 2008.

SAFATLE, V. *Grande Hotel Abismo*: por uma reconstrução da teoria do reconhecimento. São Paulo: Martins Fontes, 2012.

WHITEBOOK, J. *Perversion and utopia*: a study in psychoanalysis and critical theory. Massachusetts: MIT Press, 1995.

*Ensaios sobre
psicologia geral e psicanálise*

A psicanálise revisada

Há cerca de vinte e cinco anos, tornou-se perceptível na psicanálise a tendência de atribuir um papel mais importante do que até então era concedido àquelas motivações de tipo social ou cultural acessíveis sem maiores dificuldades à consciência, em prejuízo dos mecanismos ocultos do inconsciente. O que se procura é algo como uma sociologização da psicanálise. Reprova-se em Freud que ele tenha considerado estruturas sociais e econômicas como mero efeito de impulsos psicológicos, que surgiriam eles mesmos de uma constituição pulsional humana mais ou menos a-histórica. O fato de traços de caráter como narcisismo, masoquismo ou síndrome anal não serem menos produtos do que condicionantes da sociedade e do ambiente é usado como crítica às tentativas de explicação, tal como a da guerra a partir de impulsos destrutivos ou a do sistema capitalista a partir da pulsão colecionadora anal-erótica. A partir da insuficiência, aliás inegável, daquelas derivações, conclui-se que a autêntica ciência deve olhar detidamente para a ação recíproca entre fatores sociais e psicológicos, e que, portanto, o objeto da análise não deve ser a dinâmica pulsional atomisticamente isolada no interior dos indivíduos, mas sim o processo vital em sua totalidade.

De fato, a psicologia, como um setor da ciência dividida em especialidades, não pode dominar a problemática social e econômica em sua totalidade. Defender a todo custo nescidades como as de Laforgue – que em seu livro sobre Baudelaire tratou o poeta como um neurótico, cuja vida poderia ter um rumo totalmente diferente e mais feliz se ele apenas tivesse resolvido seu vínculo com a mãe – dificilmente pode interessar à própria psicanálise. Sua disposição maior deve ser que o problema metodológico de sua relação com a teoria da sociedade seja investigado de forma profunda. // O mérito da escola neofreudiana ou revisionista consiste em ter chamado a atenção para isto.[1] Deve-se investigar, entretanto, se sua tentativa de sociologizar diretamente a psicanálise de fato também conduz aos discernimentos críticos sobre a essência da sociedade que a psicanálise poderia fornecer. Nesse sentido, aplica-se aos aspectos propriamente sociológicos da psicanálise sociologizada a crítica que os analistas fiéis aos princípios fundamentais da teoria freudiana já haviam aplicado a ela no âmbito psicológi-

---

[1] As considerações que se seguem referem-se apenas àqueles escritores revisionistas cujas publicações o autor deste texto analisou mais detidamente. Trata-se sobretudo de Karen Horney, *Neue Wege in der Psychoanalyse*, traduzido por Heinz Neumann, Stuttgart, 1951. Foi necessário desconsiderar diferenças teóricas significativas existentes entre os autores revisionistas. É comum a todos, entretanto, a tendência de impelir a psicanálise àquele direcionamento "realista" de que se falará no texto. [Seguiremos o texto original em inglês: *New Ways in Psychoanalysis*. Londres: Butler & Tanner, 1947, para traduzir todas as passagens citadas na continuação desse texto, usando a abreviatura NWP, seguida do número de página dessa edição. (N. T.)]

co: que ela recai nas superficialidades de Adler ao substituir a teoria dinâmica freudiana fundada no princípio de prazer por uma mera psicologia do eu.

A primeira parte discute alguns dos motivos e contextos argumentativos que caracterizam de forma definidora a perspectiva revisionista. A segunda ocupa-se com a teoria revisionista das relações entre cultura e indivíduo e suas implicações, demonstrando também algumas consequências para a teoria social. Na terceira, ensaia-se uma breve avaliação sociológica dos neofreudianos e sua relação com o próprio Freud.

I

O núcleo da divergência neofreudiana em relação a Freud é expresso por Horney quando afirma "que a psicanálise deveria ultrapassar as limitações colocadas pelo fato de ser uma psicologia das pulsões e uma psicologia genética" (NWP, p.8). O conceito de psicologia das pulsões serve como anátema que designa de forma ambígua uma psicologia que, tal como ocorreu em algumas escolas do final do século XIX, // divide a psique de forma mais ou menos mecânica em certo número de pulsões e, por outro lado, designa um procedimento psicológico que não se contenta em deixar sem análise a razão e os modos de comportamento socialmente determinados, pois procura deduzir, a partir do impulso por autopreservação e prazer, os próprios modos de comportamento psíquicos diferenciados. O fato de ser impossível uma subdivisão rígida da psique em pulsões irredutíveis, e de a manifestação concreta das pulsões poder passar, em grande medida, por variações e transformações dinâmicas, não é de forma alguma excluído pela segunda perspectiva, e somente nesse sentido a teoria da libido de Freud poderia ser chamada de psicologia das pulsões.

Ora, nada caracteriza mais precisamente a posição dos revisionistas do que o fato de eles mesmos, enquanto atacam Freud por supostamente se enredar em hábitos intelectuais provenientes do século XIX, fundamentarem a teoria com categorias que nada mais são do que meros resultados de dinâmica psicológica que foram hipostasiados e tomados previamente como absolutos. O que se pensa que Freud fez com as pulsões, a escola neofreudiana faz com os traços de caráter. O fato de ela se orgulhar de seu senso histórico e reprovar a Freud por ter se fixado ingenuamente em métodos próprios às ciências naturais é na verdade projeção: ela vê em Freud um esquema racionalista que desmembra a psique em um arranjo de pulsões fixamente preconcebidas e procede ela mesma de forma racionalista, ao separar o eu de sua relação genética a isso e atribuir um ser em si ao conjunto das faculdades psíquicas "racionais", como se este tivesse caído do céu.

Em vez de libido, Horney pretende "colocar ímpetos emocionais, impulsos, necessidades ou paixões" (NWP, p.24). Se essas categorias, introduzidas sem análise, significarem algo mais do que simplesmente outras palavras para libido ou entidades dogmaticamente postuladas, então, uma vez que elas supostamente não retrocedem a uma derivação a partir da energia libidinal, sua origem só pode residir em um eu que não se relaciona geneticamente à libido, mas permanece ao seu lado como uma instância de mesma ordem. Dado que somente na // civilização desenvolvida, entretanto, o eu de fato se tornou uma instância autônoma, as categorias psicológicas dos revisionistas parecem dar mais conta à dimensão histórica da psicologia do que as de Freud. O preço a se pagar por isso é: a relação imediata de tais categorias à imagem da situação contemporânea ocorre à custa de uma análise daquilo que poderíamos chamar de sua historicidade interna. A recusa da psicologia pulsional de Freud conduz concretamente à negação de "que a cultura, ao impor restrições às pulsões libidinais e particularmente às destrutivas, é um instrumento para a produção de recalques, sentimentos de culpa e necessidades de autopunição. Em função disso, seu [de Freud] ponto de vista geral é que temos que pagar os benefícios culturais com insatisfação e infelicidade" (NWP, p.171). É como se a compreensão de Freud sobre a inevitabilidade dos conflitos culturais, portanto, sobre a dialética do progresso, não tivesse esclarecido mais acerca da essência da história do que a apressada invocação de fatores do ambiente, que, segundo os revisionistas, explicariam o surgimento dos conflitos neuróticos.

Como consequência de maior peso da polêmica contra a psicologia pulsional de Freud, recusa-se o papel central às lembranças infantis, que pertencem ao cerne da teoria psicanalítica. Suscita rejeição particularmente a hipótese de Freud "de que experiências posteriores representam em grande parte uma repetição das experiências infantis" (NWP, p.33). Enquanto Freud, orientando-se pelo modelo do sonho, procura remeter traços neuróticos e outros de caráter o mais distante possível a processos individuais na vida da criança, a vivências, Horney supõe

> que certas pulsões e reações em uma pessoa necessariamente trazem consigo experiências repetitivas. Por exemplo, a propensão à idola-

tria de um herói pode ser determinada por tais pulsões conflituosas, como uma ambição exorbitante de caráter tão destrutivo a ponto de tornar o indivíduo temeroso de tentar alcançá-la, ou uma tendência a adorar pessoas de sucesso, a amá-las e a participar em seu sucesso sem a obrigação individual de realizar nada por si mesmo, e ao mesmo tempo uma inveja excessivamente destrutiva e // oculta em relação a elas (NWP, p.137).

Denominações que tão somente expõem o problema, tal como "ambição exorbitante" ou "idolatria de pessoas de sucesso", são expressas como se fossem a explicação. E ao mesmo tempo se suprime um momento decisivo da teoria freudiana. O que propriamente motivou Freud a conceder especial peso aos processos individuais na infância é, embora de forma não explícita, o conceito de ferida [*Beschädigung*]. Uma totalidade do caráter, tal como pressuposta pelos revisionistas como dada, é um ideal que somente seria realizável em uma sociedade não traumática. Quem, tal como a maioria dos revisionistas, critica a sociedade atual, não pode se furtar ao fato de que ela é experienciável em choques, em golpes repentinos e abruptos, condicionados precisamente pela alienação do indivíduo em relação à sociedade, que com razão é ressaltada por alguns revisionistas quando falam de um ponto de vista sociológico. O caráter que eles hipostasiam é bem mais o efeito de tais choques do que de uma experiência contínua. Sua totalidade é fictícia: poderíamos denominá-lo um sistema de cicatrizes, que somente poderiam ser integradas sob sofrimento, e nunca completamente. Perpetrar essas feridas é propriamente a forma pela qual a sociedade se impõe ao indivíduo, não aquela continuidade ilusória a favor da qual os revisionistas prescindem da estrutura formada por choques da experiência individual. Mais do que o olhar de soslaio efêmero às circunstâncias sociais destes revisionistas, Freud salvaguardou a essência da socialização ao se deter firmemente na existência atomizada do indivíduo.

À luz de tal perspectiva, afirmações aparentemente plausíveis manifestam um acréscimo indubitavelmente involuntário de conformismo e otimismo autocomplacentes: "não existe algo como uma repetição isolada de experiências isoladas, pois a totalidade das experiências infantis se combina para formar certa estrutura de caráter, e é a partir dessa estrutura que dificuldades posteriores provêm" (NWP, p.9). O fato de haver traços psicológicos e impulsos que sejam não imediatamente uma repetição de experiências infantis, mas sim mediadas pela // estrutura amadurecida do caráter, não exclui que essas próprias estruturas retrocedam a eventos isolados na vida da criança. Além disso, os fenômenos propriamente críticos da psicologia, os sintomas em sentido mais amplo, sempre obedecem ao esquema da compulsão à repetição, que é transformado e falsificado apologeticamente em algo positivo pela sobrevalorização da caracterologia. A insistência na totalidade como o oposto do impulso único e fragmentário implica uma crença harmônica na unidade da pessoa, que na sociedade subsistente é impossível, talvez nem sequer desejável. O fato de Freud ter destruído o mito da estrutura orgânica da psique conta como um de seus maiores méritos. Com isso, ele compreendeu mais da essência da mutilação social do que qualquer paralelismo direto entre o caráter e as influências sociais poderia fazê-lo. A totalidade sedimentada do caráter, colocada em primeiro plano pelos revisionistas, na verdade é o resultado de uma reificação de experiências reais. Se essas são tomadas como absolutas, então a partir disso pode surgir um refúgio ideológico para o *status quo* psicológico do indivíduo. Tão logo o resultado enrijecido do jogo de forças psíquicas seja entronizado pela teoria como força originária, as experiências traumáticas primárias, das quais o caráter de forma alguma "natural" constitui um mero derivado, são remetidas ao âmbito do irrelevante e inofensivo:

> O fator relevante na gênese das neuroses não é nem o complexo de Édipo nem qualquer tipo de busca de prazer infantil, mas sim aquelas influências adversas que fazem a criança se sentir desamparada e indefesa, e que a faz conceber o mundo como potencialmente ameaçador (NWP, p.9).

"Influências adversas", concebidas de forma mais ou menos vaga, entre as quais se destaca de modo especialmente forte a falta de amor dos pais, são colocadas como fundamento de fenômenos terríveis e inequívocos como a ameaça de castração. Entretanto, na medida em que a escola neofreudiana expulsa essa ameaça da psicanálise, ela castra a própria psicanálise. Seu conceito de caráter é uma cômoda abstração, que abstrai precisamente do que constitui o aguilhão do // conhecimento psicológico. Os conceitos universais, que então adquirem a supremacia, ocultam, se não as próprias feridas através das quais os traços de caráter surgem, certamente sua dolorosa seriedade. Isto é mostrado sobretudo pelas explanações de Horney sobre a analidade:

> Em outras palavras: a voracidade demonstrada ao comer ou beber não deveria ser uma das muitas expressões de uma voracidade

geral, em vez de sua causa? Não deveria a constipação funcional ser uma das muitas expressões de uma tendência geral para a possessividade, para o controle? (NWP, p.60-1)

Assim, justamente os fenômenos que, em virtude de sua irracionalidade, demandam de forma mais urgente a explicação psicológica, são novamente introduzidos como princípios da explicação e nivelados como obviedades. O mesmo esquema, aliás, fundamenta o ataque de Horney à teoria da libido. Ao princípio de prazer de Freud, ela contrapõe "dois princípios condutores: segurança e satisfação" (NWP, p.73), sem dar mais atenção à ideia freudiana de que a segurança nada mais é do que a objetivação da busca do prazer no tempo.

II

Em lugar da dinâmica pulsional, cujo resultado é o caráter, os revisionistas introduzem o ambiente: "toda a ênfase recai nas condições de vida que moldam o caráter, e temos que pesquisar novamente os fatores ambientais responsáveis pela criação de conflitos neuróticos" (NWP, p.9). Isso nos leva a concluir que "distúrbios nas relações humanas tornam-se o fator crucial na gênese de neuroses" (NWP, p.9). O aspecto psicológico dessa construção – que necessariamente tem que recorrer ao eu como algo pré-dado, ao menos em certo grau, sobre o qual o mundo exterior imprime suas marcas – é tão questionável quanto o aspecto sociológico, particularmente a ideia acrítica de "influência". // A teoria do meio ambiente, que se tornou famosa através de Taine, possui como pressuposto um individualismo ingênuo. Seguindo os hábitos intelectuais do século XIX, ela supõe o indivíduo como uma mônada independente, autônoma e subsistente, que é afetada por supostas forças externas. De forma muito semelhante, os revisionistas concebem de forma acrítica a separação entre indivíduo e sociedade, segundo a espécie de uma teoria cognitiva primitivamente realista. Enquanto falam incessantemente sobre a influência da sociedade sobre o indivíduo, eles esquecem que não apenas o indivíduo, mas a própria categoria da individualidade são um produto da sociedade. Em vez de destacar o indivíduo dos processos sociais, para então descrever as influências formadoras dos últimos, uma psicologia social analítica teria que descobrir forças sociais determinantes nos mecanismos mais íntimos de indivíduo. Falar, em geral, de influências sociais é duvidoso: mera repetição da representação ideológica que a sociedade individualista faz de si mesma. Na maioria das vezes, através de influência externa, somente se reforçam e são trazidas à luz tendências que já são pré-formadas no indivíduo. Quanto mais profundamente a psicologia sonda as zonas críticas no interior do indivíduo, tanto mais pode perceber de forma adequada os mecanismos sociais que produziram a individualidade. Ao contrário, tanto mais ilusório se torna o emprego de noções sociológicas na psicologia quanto mais irrefletidamente se situa na superfície a ação recíproca entre mundo interno e externo. É uma convicção fundamental de Horney que o caráter não seja determinado tanto por conflitos sexuais quanto pela pressão da cultura. O que ela oferece como unificação dos determinantes da cultura e da psicologia individual perpetua sua separação, enquanto a psicanálise radical, ao se dirigir à libido como algo pré-social, alcança tanto filogenética quanto ontogeneticamente aqueles pontos em que o princípio social da dominação coincide com o princípio psicológico da repressão pulsional. A escola neofreudiana, entretanto, somente associa ambos os princípios depois de tê-los tornado inofensivos: a dominação aparece como disciplina familiar, como falta de amor e outros epifenômenos; repressão pulsional aparece // como uma condição de angústia que tem seu lugar nas camadas externas do narcisismo e em conflitos que se desenrolam mais no pré-consciente do que no inconsciente. Quanto mais se sociologiza a psicanálise, mais embotado se torna seu órgão para o conhecimento dos conflitos provocados socialmente. Igual tendência mostra-se também na exclusão de todas as representações propriamente somáticas. Assim, a psicanálise é transformada em uma espécie de assistência social superior. Em vez de analisar a sublimação, os revisionistas sublimam a própria análise. Isso a torna aceitável universalmente.

Isto se mostra, sobretudo, por sua postura em relação à sexualidade. Seguindo um velho costume, ela pretende ter o olhar imparcial do cientista sem preconceitos e objetivo, que muitas vezes não pode constatar nada sexual em fenômenos que, de acordo com Freud, são sexuais. Ela é fundamentalmente hostil à teoria. Ela compactua com o sadio entendimento humano contra a diferenciação entre fenômeno e essência, sem a qual a psicanálise é subtraída de seus impulsos críticos. Na dessexualização empreendida em nome da sociologia, ela confirma preconceitos sociais: "não está provado que uma afeição não pode se originar de várias fontes não libidinais, que ela não possa ser, por exemplo, uma expressão de proteção e cuidado maternais" (NWP, p.58). Tais afirmações dificilmente se diferenciam da forte indignação daquele que, através do discurso da existência de pulsões mais nobres, não apenas abomina o sexo, mas ao mesmo tempo glorifica a família em sua forma subsistente. De mesma espécie é a afirmação de Horney de que "uma avidez sádica por poder surge de fraqueza, angústia e impulsos de vingança" (NWP, p.59).

Quando Horney concebeu essa teoria do sadismo, que o dilui em um modo de comportamento puramente social, a política fascista de aniquilação forneceu a prova brutal para a identidade entre os esforços pelo poder supostamente apenas sociais e os impulsos sexuais, e precisamente o obscurecimento dessa identidade muito contribuiu para o desencadeamento da barbárie. Pode ter conexão com a depreciação teórica do papel // da sexualidade o fato de publicações posteriores dos revisionistas, que originalmente se voltaram contra os elementos puritanos da concepção freudiana, introduzirem sorrateiramente uma tendência a tratar de forma desdenhosa a sexualidade. Encontra-se nas perversões o ponto de menor resistência: "tais práticas não se restringem a pervertidos sexuais, pois se encontram indícios delas em pessoas saudáveis sob outros aspectos" (NWP, p.49). É um ato falho característico quando Horney – que em outros momentos conhece integralmente a problemática que pesa sobre o conceito de normalidade – fala de forma tão imediata sobre as pessoas sexualmente normais como se elas fossem um ideal evidente por si. Em outra passagem, ensina-se ostensivamente ao leitor que, com o discurso sobre a felicidade na vida amorosa, não se tem em mente relações sexuais (cf. NWP, p.115-6). Em tais posicionamentos, o conformismo social revela-se como momento essencial da concepção neofreudiana. Ele explica, sobretudo, a divisão dos conceitos psicanalíticos em construtivos e não construtivos. Elimina-se virtualmente tudo aquilo com que uma pessoa normal não quebra a cabeça, e se permite apenas o que incita à adaptação social.

Isto vale tanto para a atmosfera do revisionismo quanto para seus conceitos sociológicos definidores. A isso se liga, em estreita relação com a avaliação do sexo, o juízo sobre a moral. Em estágios iniciais, alguns revisionistas, entre os quais Erich Fromm, apontaram na teoria de Freud a contradição de que, por um lado, a moral é deduzida geneticamente, mas, por outro, parâmetros morais oficiais, como a ideia de utilidade social e produtividade, permanecem intocados. Esta crítica tem seu conteúdo de verdade na medida em que Freud não abordou a divisão do trabalho subsistente entre as ciências e, quando suas teorias psicológicas específicas não eram imediatamente atacadas, não se deixou perturbar pelos discernimentos críticos aos quais ele foi levado como especialista. Os revisionistas procuram escapar da contradição através de uma simples inversão. Enquanto Freud aceitou as normas morais de forma tão irrefletida // quanto o faria qualquer físico do século XIX, os revisionistas produzem mais uma vez as normas morais preestabelecidas como postulados dogmáticos, a partir de uma reflexão ilusoriamente livre. Eles se libertaram do preconceito moral, mas, ao mesmo tempo, também da análise que havia dissolvido esse preconceito. Junto com ela, eles expulsaram um dos impulsos definidores do progresso psicológico e agora proclamam a necessidade de normas morais em nome do bem-estar do indivíduo e da sociedade, sem se preocupar se elas são verdadeiras ou não. Subscrevem cegamente a moral convencional de hoje:

> Por outro lado, problemas morais ganham importância. Tomar em seu valor de face aqueles problemas morais com que o paciente

está lutando ostensivamente ("supereu", sentimentos neuróticos de culpa) parece levar a um beco sem saída. Eles são problemas pseudomorais e devem ser revelados como tais. Torna-se também necessário, entretanto, auxiliar o paciente a encarar honestamente os verdadeiros problemas morais envolvidos em toda neurose e a tomar uma posição em relação a eles (NWP, p.10).

A distinção entre problemas pseudomorais e autênticos procede de forma autoritária e abstrata, sem indicar um critério objetivo ou um método razoável para tal distinção. Que ele não exista, sobre isso não se deve reprovar Horney, mas sim que ela detenha o pensamento, ao estabelecer de forma absoluta uma distinção que teria de se tornar objeto da análise, não podendo ser tomada como solução. Sua única tentativa de determinar o ideal moral por seu conteúdo é equivocada: "um estado de liberdade interior, no qual 'todas as capacidades são totalmente utilizáveis'" (NWP, p.182). Isso não é apenas confuso, mas também duvidoso. Ser plenamente utilizável tem mais a ver com o conceito industrial de ocupação plena do que com as reflexões sobre os fins para os quais as capacidades existem. Não se pode negar o aspecto da dialética do progresso, segundo o qual indivíduo e sociedade são tanto mais ameaçados de regressão total, quanto mais as ideias são dissolvidas através da revelação de seu caráter místico. Essa antinomia, na qual participa a psicanálise enquanto parte do esclarecimento, deve ser compreendida: pertence ao desdobramento atual do pensamento filosófico, // a explicação de ambos os momentos antagônicos. Seria derrotismo intelectual abandonar este beco sem saída tal como está e propagar uma espécie de dupla moral: por um lado, a dissolução psicológico-genética das representações morais através da redução à origem do supereu e dos sentimentos de culpa neuróticos, e, por outro lado, a proclamação abstrata de valores morais, sem ligação com os conhecimentos psicológicos. A concepção neofreudiana conduz, segundo seu próprio sentido objetivo, a uma semelhante confirmação do código convencional com a má consciência, a dupla moral da moral. Ela poderia adaptar-se docilmente às circunstâncias cambiantes.

Igualmente problemática, de um ponto de vista sociológico, é a teoria revisionista das causas daqueles conflitos, que Horney traz ao mercado sob o duvidoso título "A personalidade neurótica de nosso tempo".[2] Ela considera a concorrência como o principal motivo para as deformações do caráter na sociedade atual. Dentre os fatores da civilização ocidental que produzem a hostilidade potencial, situa-se provavelmente em primeiro lugar o fato de nossa cultura estar erigida sobre a concorrência individual.[3] Isso soa tão estranho quanto, pelo menos, o *Escape from Freedom* [Fuga para a liberdade] de Erich Fromm ter ressaltado a perda de autonomia e espontaneidade que o indivíduo sofre hoje – fatos, portanto, que obviamente têm algo a ver com a crescente diminuição da livre concorrência pelos trustes gigantescos. Seria difícil sustentar a hipótese um "*cultural lag*" [atraso cultural] psicológico, ou seja, o indivíduo ainda se agarrar ao espírito da concorrência enquanto ela desaparece na realidade social. As ideologias podem alterar-se mais lentamente que as estruturas econômicas que as sustentam, mas não as formas de reação psíquica. Em vez disso, o an-

---

2 Karen Horney, *The Neurotic Personality of Our Time*, Nova York, 1937.
3 Ibid., p.284.

tigo espírito de concorrência da classe média se desespera para ser admitido na nova // hierarquia tecnológica. Precisamente a psicologia do eu, à qual se aferram os revisionistas, teria que extrair consequências disso. Esse deslocamento mais recente, entretanto, não poderia nem sequer ser decisivo. Mesmo na sociedade altamente liberal, a concorrência não era a norma. A concorrência sempre foi um fenômeno de fachada. A sociedade é mantida em conjunto através da ameaça de violência corporal, mesmo que mediada de várias formas, e a ela retrocede a "hostilidade potencial", que se manifesta em neuroses e distúrbios de caráter. Diferentemente do próprio Freud, que em cada passo da teoria manteve-se consciente de que a violência é o que o indivíduo internaliza, a escola revisionista colocou o conceito domesticado de concorrência em substituição às ameaças não sublimadas, que provêm da sociedade atual não menos do que das arcaicas. Freud, que não partiu de categorias sociológicas, compreendeu a pressão da sociedade sobre o indivíduo em suas formas concretas pelo menos tão bem quanto seus sucessores sociologizantes. Na época dos campos de concentração, a castração é mais característica da realidade social do que a concorrência. Nenhum momento da concepção revisionista traz de forma tão inequívoca o selo da inocuidade quanto seu pluralismo, que enumera lado a lado, de forma descompromissada, fenômenos superficiais e determinações essenciais da sociedade:

> Como sabemos, a concorrência não apenas domina nossas relações no ambiente de trabalho, mas também se alastra por nossas relações sociais, nossas amizades, nossas relações sexuais e

familiares, carregando assim os germes de rivalidade destrutiva, de depreciação, de desconfiança, de inveja, em toda relação humana. Grandes desigualdades existentes não apenas nas propriedades, mas também nas possibilidades para educação, recreação, manutenção e recuperação da saúde, constituem outro grupo de fatores repleto de hostilidades potenciais. Outro fator é a possibilidade de um grupo ou pessoa explorar o outro (NWP, p.173-4).

33 Enquanto a // teoria econômica clássica sempre se esforçou por conceber o processo econômico como uma totalidade regida por leis imanentes, em Horney "depreciação e desconfiança" aparecem no mesmo plano que relações econômicas de grupo. O esquema se assemelha ao que neutraliza os fenômenos críticos da psicologia sexual.

De fato, várias formulações neofreudianas situam-se no nível daquelas cartas publicadas em jornais e de escritos populares em que a psicologia é tratada como meio para o sucesso e para a adaptação social:

> Se o narcisismo é considerado não geneticamente, mas com referência a seu real sentido, então ele deveria, em minha opinião, ser descrito como essencialmente uma inflação do eu. A inflação psíquica, tal como a econômica, significa apresentar valores maiores do que existem realmente (NWP, p.89).

Apesar de todos os protestos contra a inibição do desenvolvimento individual pela sociedade, tais afirmações se aliam à sociedade contra o indivíduo; aquela teria razão perante este, quando ele não se curva aos valores vigentes. A tese de que o narcisismo, em sua forma atual, nada mais é do que um esforço desesperado do indivíduo de compensar, pelo menos em parte, a injustiça de que na sociedade da troca universal ninguém fica satisfeito é mal construída pelo pluralismo biológico-sociológico-econômico de Horney. Ela passa ao largo da raiz sociológica do narcisismo: de que o indivíduo, devido às dificuldades quase intransponíveis que se colocam hoje em dia no caminho de relações espontâneas e diretas entre os seres humanos, é forçado a dirigir para si mesmo suas energias pulsionais não utilizadas. A saúde vislumbrada por Horney é da mesma espécie que a sociedade que ela responsabiliza pelo surgimento das neuroses: "uma autoconfiança robusta e segura se apoia em uma ampla base de qualidades humanas, tais como iniciativa, coragem, independência, talentos, valores eróticos, capacidade para controlar problemas" (NWP, p.117).

34 // Em Horney, a simpatia pela adaptação está intimamente associada à sua relutância de se ocupar em demasia com o passado. Ela está conjurada ao espírito dominante que gostaria de banir tudo o que não é um fato positivo, apreensível aqui e agora. Sua resistência contra a ênfase insistente de Freud na necessidade de a consciência precisar ser reencontrada pela própria infância se assemelha ao pragmatismo, que descarta o passado quando não se presta ao controle do futuro:

> Parece mais útil abandonar tais esforços [de reconstrução da infância] e enfocar as forças que realmente impulsionam e inibem uma pessoa; existe uma chance razoável de compreendê-las gradualmente, mesmo sem muito conhecimento da infância. [...] O passado, entretanto, não é visto como o tesouro que se busca há muito tempo, mas é considerado simplesmente uma ajuda

bem-vinda para se compreender o desenvolvimento do paciente (NWP, p.146).[4]

La recherche du temps perdu est du temps perdu ["A busca do tempo perdido é do tempo perdido"]. A sugestão prazenteira de Horney anula precisamente a individualidade a que ela supostamente deveria servir. Se quiséssemos segui-la, então acabaríamos tendo que eliminar tudo o que ultrapassa a presença imediata e, assim, tudo o que constitui o eu. A pessoa curada nada mais seria do que um feixe de reflexos condicionados.

III

A revolta contra certos traços despóticos do pensamento freudiano foi originalmente o motivo sociológico que levou o movimento neofreudiano a se distanciar da ortodoxia. Não se deve simplesmente negar a existência de tais traços ou seu caráter duvidoso. Neles torna-se evidente um momento da verdade, tão logo sejam colocados sob a luz do desenvolvimento levado a cabo pelos revisionistas. A ideia inicial de libertar a psicanálise de seu comprometimento com o que é autoritário, levou a um resultado exatamente oposto e comprometeu a psicanálise mais estreitamente com a repressão do que foi o caso em Freud, que não desafiou explicitamente a sociedade. Essa // troca de função não ocorreu por acaso. A fervorosa defesa da ternura e da afeição humana perante a suspeita de que elas poderiam

---

4 No texto de Adorno, a referência de nota de rodapé indica equivocadamente que esta passagem estaria localizada na mesma página que a anterior. (N. T.)

se enraizar na sexualidade testemunha que os tabus possuem mais poder sobre os revisionistas do que sobre Freud. Se eles protestaram em nome do amor contra a teoria sexual freudiana, ao mesmo tempo se agarraram desde o início, contra Freud, à diferenciação convencional entre amor sexual e sublime, e não quiseram se defender tanto da repressão do amor sexual quanto dos ataques à fictícia pureza do amor sublime. De forma alguma foi um mero erro intelectual a inconsistência no pensamento de Freud em relação à qual eles se insurgiram, a saber, de que Freud, por um lado, fez da sexualidade algo central, mas, por outro, aferrou-se aos tabus sexuais. Ela corresponde ao estado de coisas objetivo de que prazer e proibição não podem ser separados mecanicamente um do outro, mas sim se condicionam reciprocamente. Eles devem ser compreendidos em sua ação recíproca: prazer sem proibição é tão difícil de conceber quanto proibição sem prazer. Quando a psicanálise nega esta imbricação, reduz-se a uma espécie de terapia social para resolução sadia dos conflitos do eu e resulta na ratificação da mesma sociedade patriarcal de que a secessão queria se apartar.

Freud tinha razão onde ele não tinha razão. A força de sua teoria se nutre de sua cegueira perante a separação entre sociologia e psicologia, que, de fato, é o resultado daqueles processos sociais que muitos revisionistas, na linguagem da tradição filosófica alemã, denominam a autoalienação do ser humano. Se o discernimento crítico das faces destrutivas daquela separação persuadiu os revisionistas a agir como se o antagonismo entre o ser privado e social do indivíduo fosse tratável com psicoterapia, então Freud, precisamente através de sua atomística psicológica, forneceu expressão adequada a uma realidade em que os seres humanos são realmente atomizados e separados um do outro por um abismo intransponível. Esta é a legitimação objetiva de seu método: penetrar nas profundezas arcaicas do indivíduo e tomá-lo como um absoluto que somente se vincula à totalidade através de sofrimento e penúria da vida. É verdade // que ele aceitou de forma ingênua a estrutura monadológica da sociedade, enquanto a escola neofreudiana apropriou-se da consciência crítica da sociedade. No entanto, em vez de permanecer de forma consequente nessa posição, ela quer superar o negativo, ao tratar as relações humanas como se já fossem humanas. Na constituição vigente da existência, as relações entre os seres humanos não surgem nem de suas vontades livres, nem de suas pulsões, mas sim de leis sociais e econômicas que se impõem sobre suas cabeças. Se nessa existência a psicologia se torna humana ou sociável, ao agir como se a sociedade fosse a dos seres humanos e determinada por seu eu mais íntimo, então ela empresta um brilho humano a uma realidade inumana. Aqueles pensadores sombrios, que insistiram na maldade e na impossibilidade de melhoramento da natureza humana e denunciaram de forma pessimista a necessidade de autoridade – aqui Freud situa-se ao lado de Hobbes, Mandeville e Sade –, não podem ser rejeitados comodamente como reacionários. Eles nunca foram bem-vindos em sua própria classe. Que se deva falar do lado luminoso, e não do sombrio, do indivíduo e da sociedade, é exatamente a ideologia oficial, agradável e respeitável. Nela recaem os neofreudianos, indignados com o Freud reacionário, enquanto seu pessimismo irreconciliável testemunha a verdade sobre as relações das quais ele não fala.

Este aspecto da controvérsia vem à luz especialmente quando os revisionistas discutem o conceito do novo. Segundo Horney, o pensamento de Freud é

> [...] evolucionista, mas de uma forma mecanicista. Dito de forma esquemática, sua hipótese é que nada de muito novo ocorre em nosso desenvolvimento depois da idade de cinco anos, e que as reações ou experiências posteriores devem ser consideradas como uma repetição das pretéritas (NWP, p.44).

"A expressão mais geral do pensamento mecanicista e evolucionista de Freud está em sua teoria da compulsão à repetição" (NWP, p.45). De fato, para Freud não há mais nada de propriamente novo após as primeiras fases de desenvolvimento. A repetição idêntica de reações psicológicas // caracteriza um estágio histórico em que ressurgem os traços arcaicos da civilização. Horney não vê isso. Quando reprova Freud por não ter uma crença no novo, ela parece acreditar que o novo seja possível a qualquer tempo, como se pudesse, por assim dizer, ser feito por encomenda. Seu conceito de novo é o da produção em massa, que proclama de todo *gadget* padronizado que ele ainda existia em absoluto: "o passado, de um modo ou de outro, está sempre contido no presente. [...] eu diria que se trata de uma questão não de 'presente *versus* passado', mas de processos de desenvolvimento *versus* repetição" (NWP, p.153). Somente quando a teoria chamar a repetição pelo nome e insiste no sempre igualmente negativo no aparentemente novo, ela talvez poderá arrancar do sempre igual a promessa do novo. Isso, entretanto, é condenado por Horney como neurótico ou mecânico. Onde ela assegura que as coisas não seriam tão ruins, o otimismo é pseudorradical, e a fé nas possibilidades ilimitadas do ser humano, uma confissão da boca para fora. Se perguntarmos francamente aos revisionistas o que eles têm fundamentalmente contra seu mestre, eles provavelmente diriam que lhe falta amor. Certa vez se contrastou a magnanimidade de Groddreck e a ternura compassiva de Ferenczi à frieza e ao distanciamento de Freud. Nenhum pensador ou artista avançado escapa dessa repreensão. Por levar a sério e de forma amarga a utopia e sua realização, ele não é utopista, pois encara nos olhos a realidade tal como ela é, a fim de não se deixar emburrecer por ela. Ele quer libertar de sua prisão os elementos do melhor, que estão contidos nessa realidade. Ele se faz tão rígido quanto as relações petrificadas a fim de rompê-las. A possibilidade de uma mudança não é favorecida através da mentira de que todos nós seríamos irmãos, mas unicamente ao se resolverem os antagonismos subsistentes. A frieza de Freud, que afasta de si toda imediatez fictícia entre médico e paciente e confessa abertamente a natureza profissionalmente mediada da terapia, honra mais a ideia de humanidade, ao excluir impiedosamente sua aparência ilusória [*Schein*], do que uma // aprovação consoladora e um calor humano sob ordens. Em um mundo onde o amor se transformou em um instrumento psicotécnico entre outros, seremos fiéis a ele através de um pensamento que insiste na ideia de que o médico tem que curar o paciente sem fingir "interesse humano". A sociedade se desenvolveu a um tal extremo que o amor somente pode ainda ser amor como resistência contra o *status quo*: "se eu não odiar o mal, não posso amar o bem",[5] lemos em "Bandeiras negras", de Strindberg. É

---

5 August Strindberg, *Schwarze Fahnen*, Munique/Berlim, 1917, p.254.

instrutivo um olhar na aplicação concreta do postulado revisionista do amor. Prescreve-se simpatia pessoal pelo paciente como meio para a produção de uma boa transferência, e louva-se a natureza assexual do amor. No entanto, tão logo o amor não mais seja prático, ou seja, quando não leva mais a uma relação de objeto feliz, real, ele é depreciado. Em seu livro sobre "autoanálise",[6] Horney introduziu o conceito da dependência patológica. O fenômeno, que ela caracteriza como vínculo erótico a uma pessoa para além da satisfação, é tomado por ela como total e completamente neurótico. Tal vínculo vale para ela como uma doença que se "esconde por detrás de conceitos pretensiosos como 'amor' e 'fidelidade'". Sadio e bem adaptado é quem, segundo seu esquema, nunca dá mais sentimento do que recebe. O amor deve se tornar, também no âmbito psicológico, o que ele de qualquer forma já é socialmente: uma troca entre equivalentes. Permanece a questão de se o amor, que transcende o círculo dominante das relações de troca, não conteria necessariamente aquele acréscimo de desesperança que os revisionistas querem expulsar. Talvez a misantropia de Freud não seja nada mais que este amor desesperançado e a única expressão de esperança que ainda subsiste.

O complexo pensamento de Freud contém um aspecto mais aparentado com a intenção geral do movimento neofreudiano do que parece à primeira vista. Bastaria os neofreudianos instarem este aspecto de forma unilateral para extraírem consequências incompatíveis com o núcleo da teoria freudiana. Em seus escritos "técnicos", Freud formulou para a terapia postulados de flexibilidade, // modificação duradoura e posicionamento

---

6 Cf. Karen Horney, *Selfanalysis*, Nova York, 1942.

prático que podem ser comodamente citados pelos revisionistas para justificar seu ponto de vista. Quando Horney condena o amor infeliz à categoria de neurótico, ela peca contra o espírito de Freud mais pelo teor de seu elogio acrítico à saúde psíquica do que pelo conteúdo de seu pensamento. Assim, em suas "Observações sobre o amor de transferência", Freud chega a dizer que todo apaixonamento "consiste em reedições de traços antigos e repete reações infantis. [...] Não há nenhum que não repita modelos infantis prévios. Exatamente o que constitui seu caráter compulsivo e patológico provém de sua determinação infantil".[7] Se Freud denomina infantil o apaixonamento, sem diferenciar seus traços libidinais primários dos produzidos por repressão, então os revisionistas também podem repreender como patológico o amor que é incompatível com o princípio de realidade.

A aporia remete à psicanálise como tal. Por um lado, a libido vale para ela como a própria realidade psíquica; a satisfação, como positiva; a frustração, por conduzir ao adoecimento, como negativa. Por outro lado, a civilização, que compele à frustração, é aceita por ela, se não de forma francamente acrítica, certamente de forma resignada. Em nome do princípio de realidade, ela justifica o sacrifício psíquico do indivíduo, sem expor o próprio princípio de realidade a uma prova racional. Esta ambivalência, que remete à problemática da educação, produz necessariamente outra ambivalência na avaliação da libido. Como método de tratamento médico no interior de relações sociais dadas, ela tem que favorecer a adaptação social do paciente, animá-lo ao trabalho e à felicidade dentro dessas relações.

---

7 Sigmund Freud, *Gesammelte Werke*, v.10, Londres, 1946, p.317.

Nesse momento, entretanto, ela não pode se furtar a acolher ou até mesmo a reforçar certos modos de comportamento e certas formas de satisfação que, avaliados a partir do núcleo da teoria psicanalítica, a teoria da libido, são substitutos duvidosos. O próprio Freud frequentemente foi levado a formulações que deixam transparecer de forma pregnante esta ambiguidade. Em uma passagem das "Observações sobre o amor de transferência", ele adverte o analista dos riscos de ceder aos desejos eróticos de seus pacientes, e então continua:

> [...] por mais que possa valorizar o amor, ele deve colocar em um plano mais alto a oportunidade de elevar o paciente a uma etapa decisiva de sua vida. Ele tem que aprender a superar o princípio de prazer, a renunciar a uma satisfação disponível, porém socialmente não admitida, em favor de uma mais distante, talvez muito incerta, mas irrepreensível tanto psicológica quanto socialmente.[8]

O que seria "irrepreensível" não é analisado. O fato de a forma de satisfação prescrita ser a mais incerta suscita dúvida quanto ao princípio em cujo nome ela é exigida.

A grandeza de Freud, tal como a de todos os pensadores burgueses radicais, consiste em que ele deixa tais contradições irresolvidas e recusa a pretensão a uma harmonia sistemática onde a própria coisa encontra-se cindida em si mesma. Ele torna evidente o caráter antagônico da realidade social, até onde é possível à sua teoria e à sua práxis no interior de uma divisão de trabalho predeterminada. A incerteza da própria finalidade da adaptação, a desrazão da ação racional, que a

---

8 Sigmund Freud, *Gesammelte Werke*, v.10, Londres, 1946, p.319.

psicanálise revela, refletem algo da desrazão objetiva. Elas se tornam uma denúncia da civilização. Os revisionistas precisam apenas isolar a face prático-realista da concepção freudiana e colocar o método psicanalítico sem reservas a serviço da adaptação, para se sentirem executores das intenções freudianas e, ao mesmo tempo, lhes quebrar a coluna vertebral. Trata-se, neles, não tanto de desvios heréticos das doutrinas de Freud quanto de um cômodo achatamento de suas contradições. Em suas mãos, a teoria freudiana se transforma em mais um meio de integrar as moções psíquicas ao *status quo* social. Da análise do inconsciente, eles fazem uma parte da cultura de massa industrializada; de um instrumento do esclarecimento, um instrumento da aparência ilusória de que sociedade e indivíduo se recobrem, tal como a adaptação à realidade onipotente e a felicidade. Esta aparência torna-se sempre mais onipresente a ideologia // de um mundo que absorve por completo o indivíduo em uma organização sem lacunas, mas que permanece tão compulsivo e irracional quanto sempre foram os danos psicológicos do indivíduo.

Versão em alemão de Rainer Koehne
1952

Sobre a relação entre sociologia e psicologia

Há mais de trinta anos delineia-se nas massas dos países altamente industrializados a tendência de se entregar a políticas catastróficas, em vez de perseguir interesses racionais, dentre eles, em primeiro lugar, a preservação da própria vida. Prometem-se vantagens mas, ao mesmo tempo, a ideia de sua felicidade é substituída enfaticamente por ameaça e violência; são impostos imensos sacrifícios, a existência é imediatamente ameaçada e apela-se a desejos latentes de morte. Grande parte disso é tão evidente para tais sujeitos que dificilmente aquele que procura compreender esse estado de coisas se contenta com o que é decisivo: a demonstração das condições objetivas dos movimentos de massa, deixando-se levar pela sugestão de que não vigoram mais leis objetivas. Não é suficiente apenas a velha explicação de que os interessados controlam todos os meios da opinião pública, pois as massas dificilmente seriam cativadas por falsas propagandas, toscas e capciosas, se nelas mesmas não houvesse algo que correspondesse às mensagens de sacrifício e vida perigosa. Por isso se considerou necessário, com relação ao fascismo, completar a teoria da sociedade com a psicologia, sobretudo a psicologia social analiticamente orientada. A ação conjunta do conhecimento de determinantes sociais e das estruturas pulsionais predominantes nas massas prometeu um completo discernimento sobre a composição da totalidade. Enquanto a ciência submissa do Leste Europeu exorcizou como obra do diabo a psicologia analítica (a única que investiga seriamente as condições subjetivas da irracionalidade objetiva) e – tal como Lukács admitiu – alinhou Freud, juntamente com Spengler e Nietzsche, ao fascismo, deste lado da Cortina de Ferro deslocou-se, não sem alguma satisfação, a ênfase para o psíquico, para o ser humano e seus assim chamados existenciais, privando-se, // portanto, de uma teoria válida da sociedade. A psicologia analítica – tal como já se vê no escrito tardio de Freud sobre o mal-estar na civilização – acaba por ser nivelada ceticamente a motivações pouco sólidas, meramente subjetivas. Quando se reflete em geral sobre a relação de teoria social e psicologia, não se faz mais do que definir seus lugares respectivos na sistemática das ciências, e por tal relação são tratadas as dificuldades ocasionadas como questões dos modelos conceituais a serem aplicados em cada caso. Se os fenômenos sociais devem ser deduzidos de condições objetivas ou da vida psíquica dos indivíduos socializados, ou de ambas; se os dois tipos de explicação completam-se, excluem-se, ou se sua própria relação necessita de reflexões teóricas ulteriores – tudo isso se reduz à metodologia. Talcott Parsons – característico de tais propósitos, e em consonância com a tradição alemã mais antiga e também com Durkheim – salienta com razão, em seu estudo "Psychoanalysis and the Social Structure"[1]

---

[1] Talcott Parsons, Psychoanalysis and the Social Structure, *The Psychoanalytic Quarterly*, v.XIX, 1950, n.3, p.371 e ss.

[Psicanálise e a estrutura social], a independência e a distinção do sistema social, que precisaria ser concebido em seu próprio plano, e não como mera resultante das ações de indivíduos.[2] Para ele, entretanto, a diferenciação se liga também àquilo em que o sociólogo está "interessado": modos de comportamento e atitudes relevantes para o sistema social. Somente por isso, tal como ele demanda, problemas sociológicos de motivação precisariam ser formulados em categorias do "frame of reference of the social system" [quadro de referência do sistema social] e não da "personality" [personalidade]. Os modelos teóricos sociológicos, entretanto, deveriam concordar com a perspectiva psicológica estabelecida.[3] Desconsiderando se a diferença reside na própria coisa, reserva-se ao arbítrio das disciplinas separadas pela divisão do trabalho a escolha do direcionamento do olhar: social ou psicológico. Ao contrário da primariedade da ciência unitária, Parsons não se opõe à ideia de que "os típicos problemas do psicólogo e do sociólogo sejam diferentes". Precisamente por isso, entretanto, "ambos // teriam que empregar iguais conceitos em diferentes níveis de abstração e combinações".[4] Isso somente é possível na medida em que a divergência entre sociologia e psicologia possa ser superada independentemente da natureza do objeto. Se ambas as ciências esclarecessem a estrutura lógica de seus conceitos através de uma organização progressiva, logo, de acordo com esta concepção, elas poderiam se ligar sem nenhuma falha. Se possuíssemos, enfim, uma teoria dinâmica das motivações

---

2 Ibid., p.372.
3 Ibid., p.375.
4 Ibid., p.376.

humanas totalmente adequada, então, segundo Parsons, provavelmente desapareceria a diferença dos "níveis de abstração". O modo como momentos objetivamente sociais e psiquicamente individuais se comportam reciprocamente deve depender apenas da esquematização conceitual que esses momentos experimentam na atividade acadêmica, com a costumeira restrição de que ainda é muito cedo para sua síntese, de que mais fatos precisariam ser reunidos e os conceitos lapidados de forma mais precisa. Parsons, sob a influência de Max Weber, reconhece com argúcia o caráter inadequado de muitas das explicações psicológicas usuais sobre o social, mas não desconfia de nenhuma contradição real entre o particular e o universal por detrás desta inadequação, de nenhuma incomensurabilidade entre os processos vitais em si mesmos e os indivíduos meramente existentes por si. Para ele, o antagonismo se torna um problema de organização científica, que se resolveria harmonicamente através de um progresso constante. O ideal de unificação conceitual extraído das ciências naturais é aplicado, sem mais, a uma sociedade que possui sua unidade no fato de não ser unitária. As ciências da sociedade e da psique, na medida em que transcorrem lado a lado desconectadas, sucumbem igualmente à tentação de projetar em seu substrato a divisão do trabalho do conhecimento. A separação entre sociedade e psique é falsa consciência; ela eterniza categorialmente a clivagem entre sujeito vivo e a objetividade que impera sobre os sujeitos mas que provém deles. Não se pode, entretanto, retirar a base dessa falsa consciência através de um decreto metodológico. Os seres humanos não conseguem reconhecer-se na sociedade, e esta não se reconhece em si mesma, // porque eles são alienados entre si e em relação ao todo.⁵ Suas relações sociais objetificadas se lhes apresentam necessariamente como um ser em si. O que a ciência separada pela divisão do trabalho projeta no mundo apenas reflete o que nele ocorre. A falsa consciência é ao mesmo tempo correta: vida interna e vida externa estão cindidas uma da outra. Somente através da determinação da diferença, e não através de conceitos ampliados, sua relação será expressa de forma adequada. A verdade do todo reside na unilateralidade, não na síntese pluralista: uma psicologia que nada quer saber da sociedade e que insiste idiossincraticamente no indivíduo e em sua herança arcaica exprime mais da fatalidade social do que uma que se integra à não mais existente *universitas literarum*, através da consideração de "fatores" sociais ou através de uma "*wholistic approach*" [abordagem holística].

A unificação de psicologia e teoria social através do emprego de conceitos iguais em diferentes níveis de abstração leva necessariamente, no âmbito do conteúdo, à harmonização. Segundo Parsons, a integração de uma sociedade, suposta por ele tacitamente e em geral como positiva, realiza-se quando suas necessidades funcionais – como momento objetivamente social – concordam com os esquemas do "supereu" médio.⁶ Esta imbricação entre seres humanos e sistema é elevada à norma, sem se questionar o posicionamento de ambos os "critérios" na totalidade do processo social, e, sobretudo, sem considerar

---

5 A sociologia empírica derivou disso a "personalização", a tendência de se considerarem processos sociais objetivamente produzidos como ações de pessoas boas ou ruins, com cujos nomes os meios públicos de informação associam aqueles processos. (Cf. T. W. Adorno *et al.*, *The Authoritarian Personality*, Nova York: 1950, p.663 e ss.)
6 Cf. Talcott Parsons, op. cit., p.373.

a origem e legitimidade reivindicada pelo "supereu médio". Condições ruins e repressivas podem também se sedimentar normativamente em tal supereu. O preço que Parsons tem que pagar pela harmonia conceitual é que seu conceito de integração, imagem positivista da identidade de sujeito e objeto, abriria // espaço para um estado irracional da sociedade, bastando que este tivesse poder suficiente para modelar previamente seus participantes. A coincidência do supereu médio e das necessidades funcionais de um sistema social, a saber, de sua própria perpetuação, foi alcançada de forma triunfal no *Admirável mundo novo* de Huxley. Tal consequência certamente não é visada pela teoria de Parsons. A mentalidade empirista o impede de supor aquela identidade como efetivada. Ele enfatiza a divergência entre os seres humanos como seres psicológicos – "estrutura da personalidade" – e a instituição objetiva – "estrutura institucional" – do mundo hoje.[7] Em consonância com a tradição sociológica, Parsons, que se orienta psicanaliticamente, leva em consideração mecanismos e motivações não psicológicas que fazem os seres humanos agir correspondendo a expectativas objetivamente institucionais, mesmo em oposição àquilo que se chama estrutura da personalidade, em psicologia.[8] As colocações de metas universais, pelos indivíduos, e mediadas socialmente de acordo com uma racionalidade orientada a fins teriam a primazia em relação a suas tendências subjetivas. A mediação decisiva, entretanto, a razão da autopreservação, é menos realçada do que em Max Weber.[9] Evidentemente,

---

7 Cf. Talcott Parsons, op. cit., p.373.
8 Cf. Talcott Parsons, op. cit., p.374.
9 Cf. Max Weber, Über einige Kategorien der verstehenden Soziologie, in: *Gesammelte Aufsätze zur Wissenschaftslehre*, Tübingen: 1922, p.412.

Parsons concebe aquelas normas sociais como esquemas sedimentados da adaptação, logo, se quisermos, como essencialmente psicológicas. Em todo caso, ele compreende, em contraste com a economia subjetiva dominante, que as motivações econômicas não se confundem com as psicológicas, tal como o "interesse de lucro".[10] Certamente o comportamento econômico e racional do indivíduo não se realiza meramente pelo cálculo econômico, pelo interesse de lucro. Na verdade, isso foi construído posteriormente, a fim de apreender – em alguma medida e através de uma fórmula que acrescenta pouca novidade ao estado de coisas – a racionalidade do comportamento econômico médio, que não é de forma alguma evidente a partir do indivíduo. Mais essencial como // motivo subjetivo da racionalidade objetiva é o medo [*Angst*]. Ele é mediado. Quem não se comporta segundo as regras econômicas, hoje em dia raramente naufraga imediatamente, mas no horizonte delineia-se o rebaixamento socioeconômico. Torna-se visível o caminho para o associal, para o criminoso: a recusa de colaborar torna suspeito e expõe à vingança social quem não precisa ainda passar fome e dormir sob as pontes. O medo [*Angst*] de ser excluído, a sanção social do comportamento econômico, internalizou-se há muito através de outros tabus, sedimentando-se no indivíduo. Tal medo transformou-se historicamente em segunda natureza – não por acaso "existência" significa, no uso linguístico filosoficamente não deteriorado, tanto a existência natural quanto a possibilidade da autopreservação no processo econômico. O supereu, a instância da consciência

---

10 Cf. Talcott Parsons, op. cit., p.374.

moral, não apenas coloca perante os olhos do indivíduo o que é proscrito socialmente como o mal em si, mas também mescla irracionalmente o medo arcaico de aniquilação física com o medo muito posterior de não mais pertencer ao conjunto social, que abarca os seres humanos em vez da natureza. Este medo social, alimentado por fontes atávicas e repetidamente bastante exagerado, mas que novamente pode a todo momento se transformar em medo real, acumulou uma tal força que já deveria ser um herói moral quem se livra dele, mesmo quando discerne radicalmente seu caráter delirante. Presumivelmente, os seres humanos se prendem tão desesperadamente aos bens há muito questionáveis e bastante absurdos da civilização – que lhes deveria garantir um comportamento economicamente racional – porque outrora lhes foi indizivelmente difícil alcançar a civilização, e os meios de comunicação fazem sua parte ao forçar que permaneçam na linha. A energia pulsional do *homo oeconomicus*, que comanda o *homo psychologicus*, é o amor, compulsivo e inculcado nas pessoas, por aquilo que outrora se odiou. Tal "psicologia" marca a fronteira da relação racional de troca e da violência, mas ela ao mesmo tempo reduz o poder da psicologia própria dos sujeitos. A convicção da racionalidade transparente da economia é uma autoilusão da sociedade burguesa tanto quanto a convicção da psicologia o é enquanto // motivo suficiente do agir. Aquela racionalidade se funda na coerção física, no flagelo do corpo, em um momento material, que tanto ultrapassa os "motivos de ação materiais" intraeconômicos quanto rompe a economia pulsional psicológica. Na sociedade desenvolvida de troca, este medo, em face da desproporção entre o poder das instituições e a impotência do indivíduo, universalizou-se de tal maneira que seriam necessárias forças sobre-humanas para se deixar tocar por ele, enquanto, ao mesmo tempo, a maquinaria social [*das Getriebe*] reduz incessantemente as forças de resistência em cada indivíduo. Apesar do primado inquestionável da economia sobre a psicologia no comportamento do indivíduo, permanece sempre incerto se sua racionalidade é de fato racional e se não poderia ser sempre desmascarada como racionalização excessiva. Enquanto a *ratio* econômica for parcial e a razão do todo, questionável, serão empregadas forças irracionais para sua perpetuação. A irracionalidade do sistema racional transparece na psicologia do sujeito sujeitado. A doutrina do comportamento racional leva a contradições. Tal como é imanentemente irracional o que a razão do sistema exige de seus membros – na medida em que a totalidade das ações orientadas a fins econômicos de todas as pessoas tanto favorece a reprodução quanto a ruptura do todo –, assim também o *télos* absoluto da racionalidade, a satisfação, transcende a própria racionalidade. A racionalidade é sempre medida de um sacrifício em vão e, assim, tão irracional quanto seria um estado sem sacrifício, que não precisaria mais de nenhuma *ratio*.

Parsons alcança a alternativa que somente seria eliminável através da crítica do estado antagônico: a escolha entre duas figuras da falsa consciência que têm razão uma perante a outra, ou seja, uma psicologia racionalista e uma teoria social psicologista. Aqui, entretanto, a reflexão se interrompe. No lugar da determinação conteudística da motivação surge a escolha do *"frame of reference"*, do sistema de referência científico, submetido ao arbítrio do pesquisador de forma semelhante à

49 escolha do tipo ideal em Max Weber.[11] // O postulado de que as teorias motivacionais sociológicas teriam que concordar com o conhecimento já alcançado sobre a estrutura da personalidade substitui, em função da unidade da explicação científica, um objeto cindido por um coerente. Por mais que os indivíduos sejam produtos da totalidade social, tanto mais entram, enquanto tais produtos, necessariamente em contradição com o todo. Onde Parsons se contenta com o poder de realização da tática científica equalizadora, a incompatibilidade das categorias que ele quer unificar aponta para a incompatibilidade entre o sistema e os seres humanos, a partir dos quais aquele se constitui. A sociologia é aceita, de forma resignada, como o que ela já é: "*The sociologist's problems are different*" [os problemas do sociólogo são diferentes],[12] mas então mal se consegue compreender por que psicólogos deveriam utilizar os mesmos conceitos em diferentes níveis de abstração e em diferentes combinações.[13] Não se trata, de forma alguma, de meros níveis de abstração, entre os quais ainda se abririam lacunas devidas tão somente à incompletude de nossos conhecimentos empíricos.[14] Contradições objetivas não são efemeridades do intelecto que desaparecem com o tempo. Tensões que se suavizam na atual sociedade durante um curto intervalo e em setores delimitados, mas que não se deixam eliminar, são projetadas de forma oblíqua ao esquema estático de conceitos mais gerais (sociais) e mais específicos (psicológicos), que apenas ocasionalmente formariam um

---

11 Max Weber, Die Objektivität sozialwissenschaftlicher und sozialpolitischer Erkenntnis, op. cit., p.190 e ss.
12 Cf. Talcott Parsons, op. cit., p.376.
13 Cf. Talcott Parsons, op. cit., p.376.
14 Cf. Talcott Parsons, op. cit., p.376.

continuum, pois faltariam dados quantitativamente suficientes para a generalização do individual. A diferença entre indivíduo e sociedade, entretanto, não é apenas quantitativa: ela é assim encarada apenas no sortilégio de um processo social que determina previamente os sujeitos individuais como portadores de funções no processo global. Nenhuma síntese científica futura pode colocar sob o mesmo teto o que está cindido de si mesmo por princípio.

Enquanto as leis sociais não podem ser "extrapoladas" de resultados de pesquisas psicológicas, no polo oposto o indivíduo não é simplesmente indivíduo e substrato da psicologia, // mas sempre e ao mesmo tempo – na medida em que de algum modo se comporta racionalmente – portador das determinações sociais que o marcam. Sua "psicologia", como zona da irracionalidade, remete a momentos sociais não menos do que a *ratio* o faz. As diferenças específicas dos indivíduos são tanto marcas da pressão social quanto cifras da liberdade humana. A oposição dos dois âmbitos não deve ser escamoteada através de um esquema de generalização científica, mas também não deve ser absolutizada, pois senão se tomaria de forma literal a autoconsciência do indivíduo, ela mesma um produto efêmero de uma sociedade individualista. A divergência entre indivíduo e sociedade possui uma origem essencialmente social, é perpetuada socialmente, e suas manifestações devem ser explicadas sobretudo socialmente. Até o marxismo vulgar, que fundamenta as formas de reação individuais através de rígidos interesses de lucro, tem razão perante o psicólogo que deriva da infância os modos de comportamento econômico dos adultos, modos que seguem leis econômicas objetivas e nos quais a constituição individual dos contratantes não participa de forma alguma, ou apenas como mero apêndice. Mesmo se, como Parsons exige, fosse possível uma adaptação de conceitos psicológicos às demandas precisas da teoria da sociedade, isso pouco ajudaria, pois os fenômenos especificamente sociais emanciparam-se da psicologia por meio da interpolação de determinações abstratas entre as pessoas, principalmente a troca entre equivalentes, e também através da dominação por um órgão – a *ratio* – formado segundo o modelo de tais determinações que se destacaram dos seres humanos. Assim, a economia "subjetiva" é ideológica: os momentos psicológicos que ela toma para explicar os processos de mercado são meras contingências suas, e o deslocamento de ênfase apresenta o fenômeno como essência. A justificada suspeita de Parsons, de que os psicanalistas seriam incapazes de empregar por si mesmos os conceitos analíticos de forma adequada aos problemas sociais, vale não apenas para a tendência universal de especialistas em estender seus conceitos parciais a uma totalidade que deles se afasta, mas também para a impossibilidade de explicar de um ponto de vista psicológico o que absolutamente não deriva da vida psíquica de seres humanos individuais. // A comensurabilidade de modos de comportamento individuais, a socialização real, fundamenta-se no fato de que os indivíduos nunca se enfrentam imediatamente entre si como sujeitos econômicos, pois, na verdade, agem segundo a medida do valor de troca. Isto prescreve a regra para a relação recíproca entre as ciências. Sua especialização não seria corrigível através do ideal do polímata, que entenderia igualmente de sociologia e psicologia. A gritaria dos especialistas pela integração das ciências é expressão de desamparo, não de progresso. É de se esperar que a insistência em um particular, cindido do todo, rompa seu caráter monadológico e perceba em seu núcleo o universal, e não que a síntese conceitual do que se desintegrou interrompa a desintegração. O conhecimento não pode assenhorear-se de nenhuma outra totalidade que não a antagônica, e somente em virtude da contradição pode alcançar a totalidade. Que o elemento especificamente psicológico quase sempre contenha um momento irracional, pelo menos antissistemático, não é, por si, uma contingência psicológica, pois deriva do objeto, da irracionalidade cindida como complemento da *ratio* dominante. O sucesso da estratégia científica de Freud baseia-se, não em pouca medida, no fato de que sua perspectiva psicológica foi acompanhada de um movimento sistemático, ao qual se mesclavam aspectos absolutos e autoritários. Enquanto a intenção de elevar suas descobertas a uma totalidade foi precisamente o que produziu o momento de inverdade na psicanálise, esta deve seu poder sugestivo exatamente a tal aspecto totalitário. Ela é recebida como fórmula mágica, que promete solucionar tudo. Grandes realizações espirituais estão sempre conjuradas a um momento de violência, de dominação sobre os seres humanos – precisamente o caráter narcísico e isolado de quem comanda seduz a coletividade, como o próprio Freud sabia.[15] A ideologia da personalidade grande e forte tende a atribuir a esta – como *status* de humanidade – o inumano, a manipulação brutal // sobre o diferente. Pertence à impotência da verdade no

---

15 "Ainda hoje os indivíduos dos grupos carecem da ilusão de que são amados pelo líder de modo igual e legítimo, mas o próprio líder não precisa amar a ninguém mais, podendo ser de natureza dominadora, absolutamente narcisista, mas seguro de si e autossuficiente" (Freud, Massenpsychologie und Ich-Analyse, in: *Gesammelte Werke*, v.13, Londres, 1940, p.138).

estado de coisas atual o fato de ela, para ser verdade, precisar se desfazer desse momento de coerção.

O psicanalista Heinz Hartmann, que se manifestou sobre o estudo de Parsons, compartilha com ele a simpatia por uma linguagem conceitual comum a ambas as disciplinas, mas concedia, em tácita oposição ao psicologismo preponderante da ortodoxia freudiana, que as ciências sociais poderiam fazer prognósticos válidos sem levar em conta estruturas de personalidade individuais.[16] Nesse sentido, ele recorre à distinção intra-analítica entre ações do eu consciente ou pré-consciente e do inconsciente. Em vez de remeter o inconsciente a influências sociais diretas para a interpretação social, como os revisionistas, ele se associa à distinção freudiana entre o eu e o isso. O eu, a instância cindida da energia pulsional originária, cuja tarefa é "testar" a realidade,[17] e que se dedica essencialmente a realizar a adaptação, separa-se, de acordo com a lógica implícita de Hartmann, das motivações psicológicas e exerce, como princípio de realidade, a função lógico-observadora. A psicanálise rigorosa, que sabe da oposição das forças psíquicas, pode fazer valer a objetividade das leis do movimento econômico perante as moções pulsionais subjetivas, antes que teorias que, a fim de produzir um *continuum* entre sociedade e

---

16 Heinz Hartmann, The Application of Psychoanalytic Concepts to Social Science, in: *The Psychoanalytic Quarterly*, v.XIX, 1950, n.3, p.385.

17 "Colocaremos o teste de realidade – como uma das grandes instituições do eu, juntamente com as censuras que se tornaram conhecidas a nós – entre os sistemas psíquicos, e esperamos que a análise das afecções narcísicas nos auxilie a descobrir outras de tais instituições" (Freud, Metapsychologische Ergänzung zur Traumlehre, in: *Gesammelte Werke*, v.10, Londres, 1946, p.424).

psique, negam o cerne da teoria analítica, a saber, o conflito do eu e do isso.[18] Hartmann se fixa a uma esfera psicológica *sui generis*. Na verdade, o comportamento de um psicótico, // mas também de quem sofre de uma neurose de caráter – que vai pelo mundo causando-se prejuízos apesar do funcionamento em si "normal" da sua inteligência –, é incomparavelmente mais "psicológico" que o de um homem de negócios, que pode possuir ou não os traços de caráter do papel que assume, mas que, tendo uma vez aceito tal papel, dificilmente consegue se comportar, de situação em situação, de forma diferente de como o faz, embora não seja qualificado de neurótico. Com certeza, até mesmo o modo de comportamento totalmente narcísico do psicótico não é desprovido de seu aspecto social. Pode-se muito bem construir certos tipos de doenças psíquicas segundo o modelo de uma sociedade doente. Já há trinta anos Lukács concebeu a esquizofrenia como consequência extrema da alienação social do sujeito perante a objetividade. Se o bloqueio da esfera psicológica em pessoas autistas tem origem social, então ela produz, uma vez constituída, uma estrutura motivacional psicológica relativamente coerente em si e fechada. Ao contrário, o eu senhor de si é motivado na relação intelectiva com a realidade; sua psicologia se manifesta, na maioria das vezes, apenas como distúrbio, e é sempre novamente sobrepujada pelo drástico poder da *ratio*, em que se corporificam objetivamente camadas de interesses sociais. As metas do eu não são mais idênticas às metas pulsionais

---

18 Theodor W. Adorno, Zum Verhältnis von Psychoanalyse und Gesellschaftstheorie, in: *Psyche* 6 (1952), p.17 e ss. [Publicada posteriormente como: "Die revidierte Psychoanalyse" – presente neste volume: "A psicanálise revisada".]

primárias, não se deixam mais retraduzir nelas e as contradizem frequentemente. Não é apenas um problema de mera nomenclatura expandir ou não o conceito do psicológico de forma a incluir também a "logicização" da energia psíquica. Tal conceito possui sua substância tão somente na oposição da irracionalidade ao racional como algo extra psicológico. Não por acaso a psicanálise foi concebida no âmbito da vida privada, dos conflitos familiares; economicamente falando, na esfera do consumo. Este é seu domínio, pois o campo de forças propriamente psicológico está limitado à região privada e tem pouco poder sobre a esfera da produção material.

Na medida em que as ações sociais, através das quais a vida dos seres humanos se reproduz, separam-se deles mesmos, ficam impedidos // de compreender a fundo a maquinaria social e são entregues à fórmula de que tudo se resumiria tão somente ao ser humano, fórmula que dificilmente foi tão empregada anteriormente quanto no tempo da linha de montagem. Que as tendências sociais se imponham sobre a cabeça dos seres humanos, que eles não conheçam tais tendências como suas próprias, isso constitui o véu social. Sobretudo aqueles cujo trabalho mantém vivos eles próprios e a totalidade – e cujas próprias vidas dependem de forma invisível desta mesma fatalidade – não conseguem reconhecer que a sociedade é tanto sua substância quanto seu oposto. A intransparência da objetividade alienada empurra os sujeitos de volta a seu eu restrito e os ilude ao lhes colocar seu ser-em-si separado, o sujeito monadológico e sua psicologia, como o essencial.

O culto da psicologia, que se impinge à humanidade e à qual se preparou nos Estados Unidos um insosso meio de alimentação popular, é o complemento da desumanização, a ilusão dos impotentes de que seu destino dependeria de sua própria constituição. De forma bastante irônica, precisamente a ciência na qual eles esperam se encontrar como sujeitos transforma-os, de acordo com sua própria forma, em objetos, em nome de uma concepção total que não tolera mais nenhum refúgio em que se pudesse esconder uma subjetividade não socialmente preparada, de alguma forma independente. Psicologia, como um interior relativamente autônomo perante o exterior, transformou-se propriamente em uma doença para uma sociedade que a protege sem cessar: por isso a psicoterapia assumiu sua herança. O sujeito, em que a psicologia preponderou como algo subtraído à racionalidade social, valeu desde sempre como anomalia, como um excêntrico; na época totalitária seus lugares são os campos de trabalho ou de concentração, onde ele é "aprontado", bem integrado. O resto da psicologia, entretanto, o ser humano propriamente, desfigura-se no topo das hierarquias totalitárias, a que chegam com facilidade os idiotas ou deficientes psíquicos, pois seu defeito, o propriamente psicológico, harmoniza-se muito bem com a irracionalidade dos fins, com as decisões superiores, para as quais, então, se emprega como meio toda a racionalidade de seus sistemas, diferenciados tão somente por declarações vazias. Esta última esfera reservada do que não foi assimilado, // que permite ou prescreve aos ditadores rolar pelo chão, chorar convulsivamente ou descobrir conspirações imaginárias, também é mera máscara da loucura social.[19] Não apenas o âmbito psicológico

---

19 "A insanidade é algo raro no indivíduo – mas em grupos, partidos, povos, épocas, é a regra" (Nietzsche, *Além do bem do mal*, aforismo 156).

tanto mais se restringe quanto, na ideologia, entra no lugar do discernimento no que se refere à objetividade, como também os restos do âmbito psicológico são pervertidos em caricatura e deformidade. Que a psicologia tenha se transformado em doença exprime não apenas a falsa consciência da sociedade sobre si mesma, mas também aquilo em que se transformaram efetivamente os seres humanos nessa sociedade, pois o substrato da psicologia, o próprio indivíduo, reflete a forma de socialização hoje ultrapassada. Tal como o puro *tóde ti* [isso aí] da filosofia – o polo de concreção do conhecimento – é totalmente abstrato por ser um indeterminado, assim também é o que se supõe socialmente concreto, o indivíduo como contratante, que possui sua determinidade tão somente no ato de troca abstrato, algo reificado e que se desligou das determinações específicas do indivíduo. Este ato foi o núcleo ao redor do qual o caráter individual se cristalizou, e a psicologia reificadora o mede com sua própria medida. O indivíduo singularizado, o puro substrato da autopreservação, corporifica, em absoluta oposição à sociedade, seu princípio mais profundo. Aquilo a partir de que ele se compõe e que entra em choque nele mesmo, suas "propriedades", são sempre, ao mesmo tempo, momentos da totalidade social. Ele é uma mônada em sentido estrito, ao representar o todo com suas contradições, mas sem dele estar consciente. Mas na forma de suas contradições, ele não se comunica sempre e universalmente com o todo; tal forma não provém imediatamente de sua experiência. A sociedade o marcou com a singularização, e esta participa em seu destino como uma relação social. "Psicodinâmica" é a reprodução de conflitos sociais no indivíduo, mas não de tal forma que ele apenas retrate as tensões sociais atuais, pois ele, na medida em que existe como algo isolado e separado da sociedade, também desenvolve a partir de si, mais uma vez, // a patogenia de uma totalidade social, sobre a qual impera a própria maldição da fragmentação.

O psicologismo em todas as suas formas, que toma o indivíduo como ponto de partida incondicional, é ideologia. Ele enfeitiça a forma individualista da socialização como uma determinação extrassocial, natural, do indivíduo. Ele alterou profundamente sua função com outras concepções do esclarecimento. Tão logo se expliquem a partir da psique os processos que, na verdade, se subtraem à espontaneidade individual e que incidem entre sujeitos abstratos, humaniza-se, como consolo, o que é reificado. Os alienados de si mesmos ainda são, apesar de tudo, seres humanos; as tendências históricas se realizam não apenas contra, mas também neles e com eles, e suas qualidades médias se inserem em seu comportamento social médio. Eles e suas motivações não se esgotam na racionalidade objetiva e algumas vezes agem contrariamente a ela, embora sejam seus funcionários. Mesmo as condições da recaída na psicologia são prescritas socialmente como superexigências da realidade ao sujeito. Para além disso, o momento pulsional manifesto ou recalcado encontra-se na objetividade social apenas como um componente, o da necessidade, que se transformou hoje totalmente em uma função do interesse de lucro. A *ratio* subjetiva e sua *raison d'être* [razão de ser] separam-se. Mesmo quem recebe todas as vantagens prometidas pela razão calculadora não consegue usufruir delas com felicidade, pois precisa, como consumidor, adequar-se mais uma vez ao que é predeterminado socialmente, à oferta de quem controla a produção. As necessidades sempre foram socialmente mediadas;

hoje, tornaram-se totalmente externas a seus portadores, e sua satisfação se transmuta na consecução das regras de jogo da propaganda. A substância da racionalidade autoconservadora dos indivíduos foi condenada à irracionalidade, pois a humanidade fracassou na formação de um sujeito social total e racional. Contra isso sempre se esforça todo indivíduo. O preceito de Freud: "Onde isso estava, o eu deve advir",[20] contém algo estoicamente vazio, // inevidente. O indivíduo adaptado à realidade, "sadio", é tão pouco resistente às crises quanto o sujeito da racionalidade econômica é de fato econômico. A lógica socialmente irracional torna-se também individualmente irracional. Nessa medida, as neuroses deveriam, de fato, segundo sua forma, ser deduzidas da estrutura de uma sociedade em que elas não podem ser eliminadas. Mesmo a cura bem-sucedida carrega o estigma do danificado, da vã adaptação pateticamente exagerada. O triunfo do eu é o triunfo da cegueira produzida pelo particular. Este é o fundamento da inverdade objetiva de toda psicoterapia, que incita os terapeutas à fraude. Na medida em que o curado se assemelha à totalidade insana, torna-se ele mesmo doente, mas sem que aquele que fracassa em ser curado seja por isso mais saudável.

A separação entre sociologia e psicologia é incorreta e correta ao mesmo tempo. Incorreta, ao endossar a renúncia ao conhecimento da totalidade, que também impõe a separação; correta, na medida em que registra de forma não reconciliada a ruptura realmente consumada, em vez da unificação apressada

---

20 Freud, Neue Folge der Vorlesungen zur Einführung in die Psychoanalyse, in: *Gesammelte Werke*, v.15, Londres, 1944, 31ª Conferência, p.86.

no conceito. A sociologia, em seu sentido específico, embora mesmo em Max Weber imbricado de conteúdo subjetivo, retém o momento objetivo do processo social. Quanto mais estritamente ela abstrai dos sujeitos a sua espontaneidade, tanto mais ela tem a ver exclusivamente com um *caput mortuum* reificado, como se visado pelas ciências naturais. Disso provém a tentação de imitar ideais e procedimentos de ciências da natureza, que, entretanto, nunca apreenderão o objeto social propriamente dito. Enquanto elas se orgulham de sua rigorosa objetividade, precisam se satisfazer com o que já é mediado pelos dispositivos científicos, ou seja, com setores e fatores, como se fossem imediatamente a mesma coisa. Disso resulta uma sociologia sem sociedade, imagem de um estado em que os seres humanos esquecem a si mesmos. A afirmação de dados singulares, que só começariam a ser expressivos a partir da lei da essência do todo, assume para si mesma a lei da essência. A psicologia, ao contrário, percebe o interesse do sujeito, mas igualmente de forma isolada, "abstrata". Ela abstrai do processo social de produção e, por sua vez, estabelece como absoluto algo produzido: o indivíduo em sua forma burguesa. Ambas as disciplinas // percebem sua própria insuficiência, mas não são capazes de se corrigir. Seu inevitável dualismo não pode se sustentar puramente. A sociologia procura assimilar em si o "fator subjetivo" e pensa que com isso se aprofunda, em contraste com a mera captação de dados factuais, mas sempre incide em aporias. Pelo fato de ter seu próprio conceito de objetividade em um resultado já estabelecido – e não em um processo que o produza e que não deve ser solidificado como totalidade –, ela se deixa levar pela tentação de fundamentar seus resultados estatísticos através de indivíduos singulares e seus conteúdos de consciência como dados inequívocos. Agora o psicologismo a ameaça em toda parte: ela precisa empregar a autoconsciência dos seres humanos, sua quase sempre ilusória "opinião", para esclarecer seu agir, onde este, na verdade, é objetivamente determinado e onde aquela própria opinião precisa ser esclarecida, ou, por outro lado, precisa perseguir aquelas forças pulsionais inconscientes que reagem à totalidade social, mas não a motivam. O nacional-socialismo talvez tenha podido utilizar a pulsão de morte de seus partidários, mas certamente surgiu na concreta vontade de vida dos grupos mais poderosos. A psicologia, ao contrário, é confrontada com o fato dos mecanismos que ela descobre não explicarem o comportamento socialmente relevante. Por mais que sejam válidas suas suposições na dinâmica individual, assumem o caráter absurdo e delirante diante da política e da economia. Em função disso, a psicologia profunda, incomodada por sua autocrítica, vê-se impelida a ampliações sociopsicológicas. Estas, entretanto, apenas reforçam a inverdade, na medida em que, por um lado, diluem a perspectiva psicológica, sobretudo a distinção entre consciente e inconsciente, e, por outro lado, falsificam as forças motoras [*Triebkräfte*] sociais como psicológicas – na verdade, como as de uma superficial psicologia do eu.

A racionalidade no comportamento do ser humano individual, na realidade, não é de forma alguma transparente a si mesma, mas sim bastante heterônoma e coagida, e precisa, por isso, se mesclar ao inconsciente a fim de se tornar capaz de agir de alguma maneira. Dificilmente alguém calcula sua vida como um todo, nem mesmo as consequências de suas próprias ações de forma completa, embora nos países mais

59 desenvolvidos cada um certamente calcule mais // do que a sabedoria acadêmica psicológica pode sonhar. Na sociedade totalmente socializada, a maioria das situações em que as decisões ocorrem é pré-delineada, e a racionalidade do eu é rebaixada à escolha de um passo ínfimo. Sempre se trata de nada além de alternativas mínimas, de evitar desvantagens minúsculas, e é "realista" quem toma tais decisões corretamente. Perante isso, as irracionalidades individuais pesam pouco. As possibilidades de escolha do inconsciente também são tão reduzidas, quando não já originalmente tão pobres, que grupos que representam os interesses dominantes podem dirigi-las em poucos canais, por meio de métodos testados há muito tempo pela técnica psicológica nos países totalitários e não totalitários. Cuidadosamente protegido através da manipulação da mirada do eu, o inconsciente, em sua pobreza e indiferenciação, coexiste de modo feliz com a padronização e o mundo administrado. Por isso os propagandistas totalitários não são de forma alguma aqueles gênios tal como são tratados por seus subalternos. Eles operam em conjunto não apenas com os batalhões mais fortes da realidade e com os inúmeros interesses efêmeros dos indivíduos, mas também com aquelas tendências psicológicas que melhor se compatibilizam com o inflexível princípio de realidade. O que parece mais fácil a uma visão abstrata do indivíduo, a saber, seguir o instinto, é o mais difícil em termos concretamente sociais, pois foi condenado pela sociedade e hoje pressupõe exatamente a força que falta a quem age irracionalmente. O isso e o supereu formam uma conexão já visada pela teoria, e, exatamente quando as massas agem instintivamente, elas são pré-formadas pela censura e têm a bênção do poder. Deste modo, aquela tese – de que em

época totalitária as massas agem contra seu próprio interesse – dificilmente é toda a verdade e, em todo caso, vale apenas *ex post facto*. As ações individuais, a que os seguidores são impelidos e cuja passagem a um delírio apresenta somente um valor limite, sempre garantem inicialmente satisfações antecipadas. A decepção só ocorre quando se apresenta a conta. *In actu*, as ações totalitárias parecem tão racionais ao agente quanto irracionais a seus concorrentes. // Sucumbem à dialética somente por força da própria razão.

Essa dialética afeta, entretanto, não apenas o comportamento do sujeito para com o mundo exterior, mas também o sujeito como tal. O mecanismo da adaptação às relações enrijecidas é ao mesmo tempo de enrijecimento do sujeito em si: quanto mais adequado à realidade, tanto mais se transforma ele próprio em coisa, tanto menos vive, tanto mais insano é todo seu "realismo", que destrói tudo em defesa de que a razão autopreservadora fora colocada em jogo, ameaçando rigorosamente até a vida nua. O sujeito se desmembra entre a interiorização da maquinaria da produção social e um resto insolúvel, que degenera em curiosidade enquanto esfera reservada impotente perante o componente racional que se hipertrofia. Por fim, não apenas a pulsão recalcada, reprimida, mas sim precisamente a originária, que almeja a própria satisfação, manifesta-se como "doente", o amor como neurose. Segundo sua ideologia de ainda reivindicar a cura das neuroses, a psicanálise, em acordo com a práxis dominante e sua tradição, desacostuma os seres humanos do amor e da felicidade, em favor da capacidade de trabalho e da *healthy sex life* [vida sexual saudável]. A felicidade se torna infantilidade e o método catártico em algo mau, hostil, inumano. Assim a dinâmica social afeta também a forma mais recente da ciência psicológica. Apesar da disparidade entre psicologia e sociedade, que tendencialmente se distanciam uma da outra cada vez mais, a sociedade avança em todo o âmbito psicológico como recalcante, como censura e supereu. No movimento de integração, o comportamento social-racional se funde com os resíduos psicológicos. Os revisionistas, que perceberam esse estado de coisas, descreveram, porém de forma muito simples, a comunicação das duas instâncias que se alienam mutuamente, o eu e o isso. Eles estabelecem uma conexão direta entre vida pulsional e experiência social. Esta ocorre, porém, em termos topológicos, somente naquela camada externa do eu que se incumbe do teste de realidade, segundo Freud. No interior da dinâmica pulsional, entretanto, a realidade é "traduzida" na linguagem do isso. Tal é a medida de verdade na perspectiva de Freud sobre o arcaísmo, // talvez até mesmo sobre a "atemporalidade" do inconsciente, ao dizer que relações e motivações sociais concretas não se inserem naquele âmbito de forma inalterada, mas apenas "reduzida". A diferença de temporalidade entre inconsciente e consciente é ela própria um estigma do desenvolvimento social contraditório. No inconsciente sedimenta-se aquilo que no sujeito sempre fica para trás e que tem que pagar as contas do progresso e do esclarecimento. O atraso se transforma no "atemporal". Nele recai também a demanda por felicidade, que de fato se mostra "arcaica", quanto mais a vida consciente se esforce obstinadamente para alcançar a condição de adulto, e almeje apenas a forma de uma satisfação deformada, somaticamente localizada, dissociada da satisfação completa, transmutando-se tão mais fundamentalmente em *some fun* [alguma diversão]. Tal como a sociedade se desliga da psicologia, assim também a psicologia se desliga da sociedade, tornando-se pueril. Sob a pressão social, a camada psicológica responde tão somente ao sempre igual e fracassa diante da experiência do específico. O traumático é o abstrato. Nisso o inconsciente se assemelha à sociedade, da qual nada sabe, mas ela obedece à mesma lei abstrata e o tem como seu cimento. Não se deve reprovar Freud de ter desprezado o concretamente social, mas sim por ter se contentado de forma fácil demais com a origem social daquela abstração, com a fixidez do inconsciente, apreendida por ele com o caráter incorruptível do pesquisador da natureza. O empobrecimento através da interminável tradição do negativo fora hipostasiada por ele como uma determinação antropológica. O histórico se torna invariável, e o psíquico, por sua vez, realidade histórica. Na passagem das *imagines* psicológicas para a realidade histórica, Freud esquece as próprias modificações, descobertas por ele, de todo o real no inconsciente, e assim conclui equivocadamente por realidades factuais, como o parricídio pela horda primitiva. O curto-circuito entre inconsciente e realidade empresta à psicanálise seus traços apócrifos. Com eles – por exemplo: a concepção grosseiramente literal da lenda de Moisés – fica muito fácil à ciência oficial se defender. O que Kardiner denominou os "mitos" de Freud, a tradução do intramental em uma facticidade duvidosa, ocorre em todo lugar em que ele também pratica uma psicologia do eu // – mesmo que seja uma psicologia do eu do inconsciente – e trata o isso como se este possuísse a arguta razão de um banqueiro vienense, à qual, aliás, realmente se assemelha algumas vezes. No esforço bastante questionável de se apoiar em fatos inquestionáveis, manifesta-se em Freud um social afirmado de forma inadvertida, a crença nos critérios usuais das mesmas ciências que ele desafiou. Por amor a tais critérios, a criança freudiana é um pequeno homem, e seu mundo, o dos homens. Assim, a psicologia autárquica, embora se proíba, mira-se na sociedade, moldando-se de acordo com ela, não menos do que a psicologia sociologicamente orientada.

A psique – desligada da dialética social, tomada abstratamente por si e pesquisada com lupa – conforma-se adequadamente como "objeto de pesquisa" na sociedade, que "emprega" os sujeitos como meros pontos de referência da força de trabalho abstrata. Já se condenou em Freud o pensamento mecânico. Tanto seu determinismo faz eco à ciência da natureza quanto também categorias implícitas como a conservação da energia, a capacidade de transformação de uma forma energética em outra, a subsunção de eventos sucessivos a leis universais. Em termos de conteúdo, sua mentalidade "naturalista" resulta na exclusão, por princípio, do novo, na redução da vida psíquica à repetição do já ocorrido. Tudo isso tem seu eminente sentido por fazer parte do esclarecimento. Somente com Freud se resgatou a crítica kantiana da ontologia da psique, da "psicologia racional": o psíquico que ele elabora subordina-se, como uma peça do mundo já constituído, ao esquema de ordenamento da formação conceitual empírica. Freud pôs fim à transfiguração ideológica do psíquico como um rudimento do animismo. A doutrina da sexualidade infantil foi talvez a que abalou de forma mais enérgica a ideologia da psique. A teoria analítica denuncia a não liberdade e a humilhação dos seres humanos na sociedade não livre de forma semelhante a como a crítica materialista o fez em relação a um estado de coisas cegamente dominado pela economia. Sob seu olhar médico conjurado com a morte, entretanto, a não liberdade se coagula transformando-

-se em invariante antropológico, e assim o aparelho conceitual afim ao das ciências naturais deixa escapar em seu objeto o que não é apenas objeto: o potencial // da espontaneidade. Quanto mais estritamente o âmbito psicológico é pensado como um campo de forças fechado em si e autárquico, tanto mais completamente a subjetividade é dessubjetivada. A psique reenviada a si mesma, por assim dizer sem objeto, petrifica-se como um objeto. Ela não pode irromper de sua imanência, pois se esgota em suas equações energéticas. A psique estudada rigorosamente segundo suas próprias leis torna-se inanimada: psique seria apenas o tatear por aquilo que não é ela mesma. Isso não é uma mera questão teórico-cognitiva, pois prolonga-se no resultado da terapia, a saber, aqueles seres humanos desesperadamente ajustados à realidade, que se moldaram literalmente aos aparelhos a fim de poder se impor, de forma mais bem-sucedida, em sua limitada esfera de interesse, seu "subjetivismo".

Logo que a formação conceitual psicológica procede de forma tão consequente quanto em Freud, a negligenciada divergência entre psicologia e sociedade se vinga. Pode-se demonstrar isso, por exemplo, no conceito de racionalização, que Ernest Jones introduziu originalmente[21] e que então se estendeu a toda a teoria analítica. Ele abrange todas as falas que, independentemente de seu conteúdo de verdade, satisfazem funções no domínio psíquico do falante, na maioria das vezes de defesa contra tendências inconscientes. Essas falas estão psicanaliticamente sob crítica constante, segundo uma muito notada analogia com a doutrina marxista da ideologia: elas

---

21 Ernest Jones, Rationalization in Every-Day Life, in: *Journal of Abnormal Psychology*, 1908.

possuem uma função objetivamente encobridora, e o analista está pronto para convencê-las tanto de sua falsidade quanto de sua necessidade, bem como para trazer à luz o que está oculto. A crítica psicologicamente imanente da racionalização, entretanto, não se encontra de forma alguma em harmonia preestabelecida com seu conteúdo objetivo. A mesma fala pode ser verdadeira e falsa, ao ser medida pela realidade ou pelo seu estatuto psicodinâmico; de fato, esse duplo caráter é essencial às racionalizações, pois o inconsciente segue a linha da menor resistência, apoiando-se, portanto, naquilo que a realidade lhe oferece, e, além disso, opera tão mais desimpedido quanto mais consistentes são os momentos reais // em que se apoia. Na racionalização, que é tanto *ratio* quanto manifestação do irracional, o sujeito psicológico deixa de ser meramente psicológico. Assim, o analista, orgulhoso de seu realismo, se torna um rígido dogmático, tão logo afaste os momentos reais da racionalização em favor do contexto fechado de imanência psicológica. Igualmente questionável, porém, seria, em sentido contrário, uma sociologia que aceitasse as racionalizações *à la lettre* [literalmente]. A racionalização privada, o autoengano do espírito subjetivo, não é o mesmo que ideologia, a inverdade do espírito objetivo. Os mecanismos de defesa do indivíduo, entretanto, sempre procurarão reforços naqueles da sociedade já estabelecidos e bastante reforçados. Nas racionalizações, portanto naquilo em que o objetivamente verdadeiro pode servir ao subjetivamente falso – tal como se podem constatar muitas vezes na psicologia social de mecanismos de defesa contemporâneos típicos –, evidencia-se não apenas a neurose, mas também a falsa sociedade. A própria verdade objetiva é necessariamente também inverdade, na medida em que não seja toda a verdade do sujeito, e se presta, tanto através de sua função quanto de sua indiferença perante a gênese subjetiva, para encobrir o interesse meramente particular. Racionalizações são as cicatrizes da *ratio* no estado da desrazão.

Ferenczi, talvez o mais resoluto e livre entre os psicanalistas, tratou o supereu tão somente como racionalizações, aquelas normas coletivas do comportamento individual que a moral psicologicamente irrefletida denomina de consciência [*Gewissen*]. Dificilmente se vê em outro lugar de forma mais evidente do que aqui a mudança histórica da psicanálise, sua passagem de um meio radical do esclarecimento para uma adaptação prática às relações existentes. Outrora se salientaram os traços coercitivos do supereu e se exigiu da análise que ela o liquidasse. A intenção esclarecedora não suportava nenhuma instância de controle inconsciente, mesmo que fosse para o controle do inconsciente. Dificilmente sobrou alguma coisa disso na literatura psicanalítica atual. Depois que Freud, motivado pelas dificuldades dos "sistemas" originais inconsciente, pré-consciente e inconsciente, colocou a // topologia analítica sobre as categorias de isso, eu e supereu, tornou-se propício orientar a imagem analítica da vida correta pela harmonia dessas instâncias. Especialmente os psicopatas, cujo conceito é tabu hoje, foram compreendidos através da falta de um supereu bem desenvolvido, que é, entretanto, de alguma maneira, necessário dentro de limites racionais. Tolerar irracionalidades apenas porque elas derivam da sociedade e porque sem elas a sociedade organizada não deve poder ser pensada – isso desabona o princípio analítico. A diferenciação novamente apreciada entre um supereu "neurótico", portanto compulsivo, e um "saudável", portanto consciente, tem os traços de uma construção auxiliar, *ad hoc*. Um supereu "consciente" perderia, junto com sua opacidade, precisamente a autoridade em função de que a teoria apologética o afirma. A ética kantiana – em que é central o conceito da consciência moral, pensado de forma totalmente não psicológica e atribuído ao caráter inteligível – não deve ser associada à psicanálise revisada, que interrompeu o esclarecimento do âmbito psíquico por medo de que se chegasse às raízes da consciência moral. Kant bem sabia por que contrastou a ideia de liberdade à psicologia: o jogo de forças de que trata a psicanálise pertence, segundo ele, ao "fenômeno", o reino da causalidade. O núcleo de sua doutrina da liberdade é a ideia, irreconciliável com o empírico, de que a objetividade moral – atrás da qual reside o pensamento de uma correta instituição do mundo – não é comensurável ao estado dos seres humanos tal como são hoje. A tolerância psicológica defensora da consciência moral destrói exatamente aquela objetividade, na medida em que a valoriza como mero meio. A meta da "personalidade bem integrada" é inaceitável, pois supõe ao indivíduo aquele equilíbrio das forças que na sociedade atual não subsiste e nem o deveria, porque tais forças não possuem o mesmo mérito. Ensina-se o indivíduo a esquecer os conflitos objetivos, que necessariamente se repetem em cada um, em vez de auxiliá-lo a resolvê-los. O ser humano integral, que não mais percebe a divergência privada entre as instâncias psicológicas e a irreconciliação dos desideratos do eu e do isso, não teria assim superado em si a divergência social. // Ele confundiria as oportunidades contingentes de sua economia psíquica com o estado objetivo. Sua integração seria a falsa reconciliação com o mundo irreconciliado e provavelmente conduziria à "identificação com o agressor", mera máscara da submissão. O conceito de integração, que cada vez mais se impõe hoje, principalmente na terapia, renega o princípio genético e hipostasia forças psíquicas supostamente originárias, como consciência e instinto, entre as quais teria que se estabelecer um equilíbrio, enquanto elas, na verdade, seriam compreendidas como momento de uma autocisão, que não se deixa resolver no âmbito psíquico. A incisiva polêmica de Freud contra o conceito da psicossíntese[22] – uma expressão de prestígio que os acadêmicos obstinados inventaram para reclamar para si o trabalho construtivo e estigmatizar o conhecimento como mecânico, quando não como fragmentação – deveria ser estendida ao ideal de integração, à imagem insossa da velha e falida personalidade. É duvidoso se o conceito de ser humano total, completo e amplamente desenvolvido se presta de alguma forma a ser emulado.

---

22 "Eu não posso crer, entretanto, [...] que nos surja na psicanálise uma nova tarefa. Se me permito ser sincero e deselegante, então diria que se trata de um palavreado irrefletido. Contento-me em observar que se mostra aí apenas uma ampliação desprovida de conteúdo de uma comparação, ou [...] uma exploração ilegítima de uma nomenclatura. [...] O psíquico é algo tão singularmente particular, que nenhuma comparação individual pode reproduzir sua natureza. [...] A comparação com a análise química encontra seu limite no fato de que, na vida psíquica, temos que nos haver com esforços que se submetem a uma compulsão à unificação e síntese. [...] O doente neurótico nos traz uma vida psíquica rompida, cindida por resistências, e quando a analisamos e afastamos as resistências, esta vida psíquica se torna coesa, a grande unidade que denominamos "eu" agrega em si todas as moções pulsionais que até então se destacaram dele e se ligaram isoladamente. Assim, realiza-se no analisando a psicossíntese sem nossa intervenção, automática e inevitavelmente. [...] Não é verdade que algo no doente está desmembrado em suas partes constituintes e que agora espera calmamente até que o sintetizemos de alguma forma" (Freud, *Wege der psychoanalytischen Therapie*, in: *Gesammelte Werke*, v.12, Londres, 1947, p.185 e ss.).

Já Walter Benjamin havia batizado como um louro Siegfried o ideal do caráter genital, que havia vinte anos estava em voga entre os psicanalistas, que prefeririam // pessoas equilibradas, com *well developed superego* [supereu bem desenvolvido]. O ser humano "correto" no sentido do projeto freudiano, portanto não mutilado por recalques, se assemelharia quase indistintamente na sociedade aquisitiva de hoje ao animal predador com um apetite saudável, e assim se alcançaria a utopia abstrata de um sujeito realizado independentemente da sociedade, que hoje se alegra de tal predileção como "imagem de ser humano". A acusação da psicologia contra o bode expiatório do animal de rebanho pode ser pago com juros pela crítica da sociedade ao ser humano dominador, cuja liberdade permanece falsa, ganância neurótica, "oral", enquanto ela pressupuser a não liberdade. Toda imagem de ser humano é ideologia, exceto a negativa. Se hoje, por exemplo, diante dos traços da especialização marcados pela divisão do trabalho, apela-se ao ser humano total, então se promete um prêmio ao mais indiferenciado, grosseiro e primitivo, e se diviniza por fim a extroversão do *go-getter* [pessoa agressivamente empreendedora], aquele que é suficientemente abominável para permanecer o que é na vida abominável. O que hoje pode verdadeiramente prenunciar um estado humanamente mais elevado é, de acordo com as condições atuais, o danificado e não o mais harmônico. A tese de Mandeville de que os vícios privados são as virtudes públicas pode ser transposta para a relação entre psicologia e sociedade – o questionável em termos caracterológicos representa muito mais o que é objetivamente melhor: não o normal, mas sim o especialista capaz de resistir é o representante da libertação. Tal como no início da era burguesa, quando apenas a internalização da repressão capacitava os homens àquele aumento da produtividade que aqui e agora lhes pode fornecer toda abundância, assim também os defeitos psicológicos na totalidade intrincada apresentam algo radicalmente diferente do que representam no domicílio psíquico do indivíduo. A psicologia poderia facilmente, por exemplo, diagnosticar o modo de comportamento do colecionador de outrora como neurótico e associá-lo à síndrome anal; mas sem a fixação libidinal a coisas, dificilmente seria possível a tradição, até a própria humanidade. Uma sociedade que se livra daquela síndrome a fim de jogar fora todas as coisas, como latas de conserva, dificilmente tratará de forma diferente os seres humanos. Sabe-se também o quanto o investimento libidinal na técnica // é hoje o comportamento dos regredidos, mas sem suas regressões dificilmente se realizariam as invenções técnicas que outrora puderam expulsar do mundo a fome e o sofrimento sem sentido. Os psicólogos podem diagnosticar os políticos inconformistas dizendo que eles não teriam dominado seu complexo de Édipo, mas sem sua espontaneidade a sociedade permaneceria eternamente aquela que reproduz o complexo de Édipo em cada um de seus participantes. Aquilo que se eleva para além do estado de coisas atual sempre é ameaçado com a ruína e, assim, exposto mais ainda a este mesmo estado. Perante o sujeito infinitamente capaz de adaptação e dessubjetivado, seu contrário, quem possui caráter, é arcaico. Este se manifesta, por fim, não como liberdade, mas sim como uma fase ultrapassada da não liberdade: nos Estados Unidos, a expressão "he is quite a character" nomeia uma figura cômica, esquisita, um pobre homem. Hoje se deve criticar não apenas os ideais psicológicos, como ainda no tempo de Nietzsche, mas sim o ideal psicológico como tal em qualquer forma. O ser humano não é mais a chave de compreensão para a humanidade. As sabedorias e bondades aprovadas hoje em dia são meras variantes da propaganda do *Führer*.

O cuidado do supereu interrompe arbitrariamente o esclarecimento psicanalítico, mas a proclamação da ausência de consciência moral na sociedade sanciona a crueldade. Tal é o peso do conflito entre as perspectivas social e psicológica. Permaneceu impotente o consolo que certamente já em Kant se prenunciara: de que as realizações da consciência moral, até agora alcançadas irracionalmente e com extremos *faux frais* [custos marginais] psicológicos, seriam efetiváveis através de uma compreensão consciente das necessidades vitais da universalidade, sem o infortúnio denunciado pela filosofia de Nietzsche. A ideia da superação da antinomia entre universal e particular é até agora mera ideologia, enquanto a renúncia pulsional imposta socialmente ao indivíduo não se legitimar em sua verdade e necessidade, nem enquanto não se conceder posteriormente ao sujeito a meta pulsional adiada. Tal irracionalidade é ofuscada pela instância da consciência moral [*Gewissen*]. Os desideratos da economia psíquica e dos processos vitais da sociedade não são redutíveis a uma fórmula comum. O que a sociedade, // a fim de se conservar em vida, exige com razão de cada indivíduo é para cada um sempre ao mesmo tempo ilegítimo, e ao final também para a própria sociedade; o que parece à psicologia mera racionalização é muitas vezes necessário socialmente. Na sociedade antagônica, os seres humanos, cada indivíduo, são não idênticos a si mesmos, são caráter social[23] e psicológico ao

---

23 Cf. Walter Benjamin, Standort der französischen Schriftsteller, in: *Zeitschrift für Sozialforschung*, v.3, 1934, p.66.

mesmo tempo, e, em virtude de tal cisão, danificados *a priori*. Não por acaso a arte burguesa realista possui como tema originário a incompatibilidade entre a existência não afetada, não mutilada, e a sociedade burguesa: de *Dom Quixote*, passando por *Tom Jones* de Fielding, até Ibsen e a modernidade. O correto se torna falso, puerilidade ou culpa.

O que aparece ao sujeito como sua própria essência – e na qual ele supõe tomar posse de si em contraste com as necessidades sociais alienadas – é, medido por aquelas necessidades, mera ilusão. Isso empresta a todo o âmbito psicológico o momento de soberba e insignificância. Se a grande filosofia idealista em Kant e Hegel desvalorizou a esfera que hoje é chamada de psicologia como contingente e irrelevante perante a esfera do transcedental e do Espírito objetivo, então ela compreendeu melhor a sociedade do que o empirismo, que se mostra cético, mas mantém a fachada individualista. Quase se poderia dizer que quanto mais conhecemos os humanos psicologicamente mais nos afastamos do conhecimento de seu destino social e da própria sociedade, e, assim, do conhecimento dos seres humanos em si, sem que, entretanto, a perspectiva psicológica perca sua própria verdade. A sociedade atual, entretanto, é "totalitária" também no fato de nela os seres humanos como tais, talvez de forma mais abrangente do que antes, igualarem-se a energia do seu eu ao movimento da sociedade; de forma a impulsionar cegamente sua autoalienação até a imagem ilusória da igualdade entre o que são para si e o que são em si. Pelo fato de a adaptação à possibilidade objetiva não ser mais necessária, não é mais suficiente a simples adaptação para se manter nas condições atuais. A autoconservação // é alcançada pelos indivíduos somente na medida em que fracassa a formação de seu eu, através da regressão autoimposta.

O eu incide também na psicologia como forma de organização de todas as moções psíquicas, como o princípio de identidade, que constitui em geral a individualidade. O eu "que testa a realidade" não encontra seu limite apenas em um não psicológico, um exterior, ao qual se adapta, pois se constitui em geral através de momentos objetivos, subtraídos do contexto imanente do psíquico, a saber, através da adequação de seus juízos ao estado de coisas. Embora seja ele mesmo algo originariamente psíquico, deve conter o jogo de forças psíquicas e controlá-lo diante da realidade: este é um critério capital de sua "saúde". O conceito do eu é dialético, psíquico e não psíquico, um fragmento da libido e o representante do mundo. Freud não tratou dessa dialética. Por isso as determinações psicológicas imanentes que ele atribui ao eu contradizem de forma involuntária uma à outra e rompem o fechamento do sistema pretendido por ele. De todas as contradições, a mais flagrante é a de que o eu inclui o que a consciência realiza, mas também é representado essencialmente como inconsciente. A topologia externa e simplificadora somente se adéqua a essa ideia de forma altamente insuficiente, na medida em que ela remete a consciência à camada mais externa do eu, à zona fronteiriça imediatamente voltada à realidade.[24] A contradição resulta no fato de eu dever ser, como consciência, o oposto do recalque, enquanto, como inconsciente, eu deve ser a instância recalcante. Pode-se remeter a introdução do supereu à intenção de ordenar, em alguma medida, as relações indiscerníveis

---

24 Freud, *Gesammelte Werke*, v.15, p.63 e 81.

em seu conjunto. No sistema freudiano falta, em geral, um critério suficiente para a diferenciação das funções "positivas" e "negativas" do eu, principalmente da sublimação e do recalque. Em vez disso, invoca-se de fora, de forma um tanto ingênua, o conceito do que é socialmente útil ou produtivo. Ora, em uma sociedade irracional, o eu não consegue de forma alguma satisfazer adequadamente a função que lhe é atribuída por tal sociedade. Necessariamente, o eu é incumbido de tarefas psíquicas que são // incompatíveis com a concepção psicanalítica do eu. A fim de poder se afirmar na realidade, o eu tem que conhecê-la e operar conscientemente. Para que o indivíduo consiga realizar as renúncias, muitas vezes sem sentido, que lhe são impostas, o eu precisa erigir proibições inconscientes e se manter em grande parte no inconsciente. Freud não se calou quanto ao fato da renúncia pulsional exigida do indivíduo não ser correspondida pelas compensações com as quais aquela pode ser justificada pela consciência.[25] Uma vez que a vida pulsional não obedece à filosofia estoica de seu pesquisador – ninguém soube disso melhor do que o próprio Freud –, então evidentemente o eu racional não é suficiente, segundo o princípio da economia psíquica estabelecido por Freud. Ele tem que se tornar inconsciente, um fragmento da dinâmica pulsional, mas acima da qual ele deve novamente se elevar. A função cognitiva, que é realizada pelo eu em virtude da autoconservação, deve ser sempre interrompida mais uma vez, bem como a autoconsciência deve fracassar, em virtude da mesma autoconservação. A contradição conceitual, que se pode

---

25 Freud, Die "kulturelle" Sexualmoral und die moderne Sexualität, in: *Gesammelte Werke*, v.7, Londres, 1941, p.143 e ss.

demonstrar de forma tão elegante contra Freud, não é, portanto, culpa da falta de clareza lógica, mas da necessidade vital.

Por sua própria estrutura, o eu é predisposto a um duplo papel, como suporte da realidade ele sempre também é não eu. Na medida em que deve representar as necessidades libidinais quanto também as da autoconservação – inconciliáveis com aquelas –, o eu é sempre excessivamente exigido. Ele não dispõe daquela robustez e segurança de que se arroga perante o isso. Grandes psicólogos do eu, como Marcel Proust, destacaram exatamente essa sua fragilidade, que é própria à forma da identidade psicológica. A culpa, entretanto, é menos do fluxo do tempo do que da dinâmica relativa ao psíquico. Onde o eu não alcança o que lhe é próprio, diferenciado, ele regredirá, sobretudo ao que Freud denominou de libido do eu,[26] ou pelo menos suas funções conscientes se fundirão com as inconscientes. O que pretendia escapar do inconsciente // entra novamente a seu serviço e, assim, talvez reforce seus impulsos. Este é o esquema psicodinâmico das "racionalizações". A psicologia analítica do eu até hoje não investigou energicamente o bastante a reversão do eu ao isso, pois aceitou previamente da sistemática freudiana os conceitos fixos do eu e do isso. O eu que reverte ao inconsciente não desaparece simplesmente, pois mantém muitas das qualidades que havia adquirido como agente social, mas submete-as ao primado do inconsciente. Surge assim a aparência de uma harmonia entre princípio de realidade e de prazer. Com a transposição do eu no inconsciente, altera-se novamente a qualidade da pulsão, que é desviada para metas

---

[26] Freud, Kurzer Abriß der Psychoanalyse, in: *Gesammelte Werke*, v.13, Londres, 1941, p.420 passim.

propriamente egoicas, que contradizem o alvo da libido primária. O narcisismo é a forma da energia pulsional em que o eu se apoia, segundo o tipo freudiano anaclítico, quando avança a seu supremo sacrifício, o da própria consciência. Para este narcisismo apontam, com uma força probatória irrefutável, todos os resultados de pesquisa da psicologia social[27] sobre as regressões atualmente preponderantes, em que o eu é ao mesmo tempo negado e enrijecido de forma falsa e irracional. O narcisismo socializado, tal como caracteriza os movimentos e disposições mais recentes das massas, unifica completa e impiedosamente a racionalidade parcial do interesse próprio com aquelas más formações irracionais de tipo destrutivo e autoaniquiladoras, cuja interpretação Freud ligou às pesquisas de MacDougall e Le Bon. A introdução do narcisismo conta como uma de suas descobertas mais significativas, sem que a teoria até hoje tenha se mostrado à altura dela. No narcisismo mantém-se a função autoconservadora do eu, pelo menos segundo a aparência, mas separada da função da consciência e entregue à irracionalidade. Todos os mecanismos de defesa possuem um caráter narcísico: o eu experimenta sua fraqueza perante a pulsão, tal como sua impotência real, como "humilhação narcísica". A função de defesa, entretanto, não se torna consciente, dificilmente executada pelo próprio eu, mas sim // por um derivado psicodinâmico, uma libido por assim dizer impura, dirigida ao eu e por isso não sublimada e indiferenciada. É até questionável se o eu realiza a função de recalque, a mais importante das assim chamadas defesas. Talvez o próprio "recalcante" deva ser visto

---

27 William Buchanan; Hadley Cantril, *How Nations See Each Other*, Urbana: 1953, p.57.

como a libido narcísica que foi defletida de suas metas reais e, assim, dirigida ao sujeito, sendo então fundida com momentos egoicos específicos. A "psicologia social" não seria, então, como se diria hoje, essencialmente psicologia do eu, mas sim psicologia da libido.

Recalque e sublimação valiam para Freud como igualmente precários. Ele considerava o *quantum* de libido do isso de tal modo maior que a do eu, que o isso sempre obtinha a primazia em caso de conflito. Não apenas, como os teólogos desde sempre ensinaram, o espírito está de prontidão e a carne é fraca, mas os próprios mecanismos da formação do eu são frágeis. Por isso o eu se ligaria tão facilmente às regressões impostas à pulsão ao ser reprimida. Isso empresta aos revisionistas alguma razão, quando reprovam Freud por ter subestimado os momentos sociais, mediados pelo eu e, entretanto, relevantes psicologicamente. Karen Horney, por exemplo, pensava, ao contrário de Freud, que seria ilegítimo derivar o sentimento de impotência a partir da primeira infância e do complexo de Édipo, pois ele proviria da impotência social real, tal como já é experienciável na infância, mas pela qual Horney não se interessa. Ora, certamente seria dogmático querer separar o sentimento de impotência,[28] onipresente e descrito de forma bem sutil pelos revisionistas, de suas condições sociais atuais. As experiências de impotência real são tudo, exceto irracionais; nem mesmo propriamente psicológicas. Somente elas permitem a esperança de uma resistência contra o sistema social, em vez de ele ser mais uma vez incorporado pelos seres humanos.

---

28 Erich Fromm, Zum Gefühl der Ohnmacht, in: *Zeitschrift für Sozialforschung*, v.6, 1937, p.95 e ss.

O que estes sabem de sua impotência na sociedade pertence ao eu, mas ao eu tomado como todo o tecido de suas relações com a realidade, não apenas como juízo totalmente consciente. Tão logo a experiência se transforma em "sentimento" de impotência, o especificamente // psicológico começa a entrar em cena: ou seja, os indivíduos não são capazes de experimentar sua impotência, de olhá-la frente a frente. Esse recalque da impotência aponta não apenas para a desproporção entre o indivíduo e sua força dentro da totalidade, mas, mais ainda, para a ferida de seu narcisismo e para a angústia de perceber que a falsa superpotência, perante a qual todos tem motivos para baixar a cabeça, se compõe propriamente deles mesmos. Eles precisam elaborar e sedimentar psicologicamente a experiência da impotência como "sentimento", a fim de não pensarem para além da impotência, que é interiorizada como sempre o foram as leis sociais. A psicologia do isso é mobilizada pela psicologia do eu com o auxílio da demagogia e da cultura de massa. Estas limitam-se a administrar o que lhes é oferecido, como matéria bruta, pela psicodinâmica daqueles a partir dos quais modelam-se as massas. Ao eu resta apenas ou transformar a realidade ou retroceder novamente ao isso. Isto é mal compreeendido pelos revisionistas como simples estado de coisas da ostensiva psicologia do eu. Na verdade, mobilizam-se seletivamente aqueles mecanismos de defesa infantis que mais bem se adéquam ao esquema dos conflitos sociais do eu segundo a situação histórica. Somente isso, e não a muito citada realização dos desejos, explica a força da cultura de massa sobre os seres humanos. Não há uma "personalidade neurótica de nosso tempo" – o mero nome é uma manobra de desvio –, mas a situação objetiva fornece a direção para as regressões. Conflitos na zona do narcisismo ocorrem mais hoje do que há sessenta anos, enquanto a histeria de conversão retrocede, e tanto mais são inegáveis as manifestações de tendências paranoicas. Fica em aberto se realmente há hoje mais paranoicos do que antes; faltam comparações numéricas até em relação ao passado recente. Mas uma situação, que ameaça a todos e que ultrapassa com suas realizações as fantasias paranoicas, convida especificamente à paranoia, que é talvez muito especialmente favorecida pelas encruzilhadas dialéticas da história. Perante o historicismo de fachada dos revisionistas, vale a perspectiva de Hartmann de que uma dada estrutura social escolhe – e não "exprime" – tendências psicológicas específicas.[29] // Ao contrário do que diz a grosseira doutrina freudiana da atemporalidade do inconsciente, certamente já se inserem componentes históricos concretos na experiência da primeira infância. Não são do eu, entretanto, as formas de reação mimética infantis, que demonstram ao pai que ele não garante a proteção pela qual as crianças anseiam. Precisamente perante tais reações, a própria psicologia de Freud é por demais "egoica" [*"ichlich"*]. Sua grande descoberta da sexualidade infantil somente se livrará de seu aspecto forçado quando conseguirmos compreender as moções infantis como totalmente sexuais, apesar de infinitamente sutis. Seu mundo perceptivo é tão diferente do adulto que um ruído ou gesto efêmeros pertencem àquela ordem de grandeza que o analista,

---

29 Cf. Heinz Hartmann, The Application of Psychoanalytic Concepts to Social Science, in: *The Psychoanalytic Quarterly*, v.XIX, 1950, n.3, p.388.

segundo a medida do mundo adulto, somente pode atribuir à observação do coito dos pais.

Em nenhum outro lugar se mostram de forma mais clara as dificuldades perante as quais o eu coloca a psicologia do que na teoria de Anna Freud dos assim chamados mecanismos de defesa. Ela parte do que a análise inicialmente conhece como resistência do isso em se tornar consciente.

> Uma vez que é tarefa do método analítico fazer com que as representações [*Vorstellungen*] que representam [*repräsentieren*] a pulsão recalcada tenham acesso à consciência, favorecendo, assim, esse avanço, logo a atitude de defesa do eu contra o representante pulsional [*Triebrepräsentanz*] transforma-se automaticamente em resistência ativa contra o trabalho analítico.[30]

O conceito de defesa, já ressaltado por Freud nos *Estudos sobre histeria*,[31] é então aplicado a toda a psicologia do eu, produzindo-se uma lista que reúne nove dos mecanismos de defesa conhecidos na prática, que devem apresentar em conjunto as medidas inconscientes do eu contra o isso: "recalque, regressão, formação reativa, isolamento, anulação retroativa, projeção, introjeção, retorne à própria pessoa, inversão em seu contrário".[32] A eles "se soma então uma décima, que pertence mais ao estudo da normalidade do que da neurose, a saber, a sublimação // ou o deslocamento da meta pulsional".[33] A

---

30 Anna Freud, *Das Ich und die Abwehrmechanismen*, Londres, 1946, p.36 e ss.
31 Sigmund Freud, Zur Psychotherapie der Hysterie, in: *Gesammelte Werke*, v.1, Londres, 1952, p.269.
32 Anna Freud, op. cit., p.52.
33 Ibid.

dúvida levantada pela contabilidade destes mecanismos claramente distinguidos é confirmada por uma consideração mais detida. Já Freud havia tomado o conceito de recalque como um mero "caso especial de defesa".[34] Sem dúvida, entretanto, recalque e regressão, que ele sabiamente nunca distinguiu estritamente um do outro, operam em conjunto com todas as "atividades do eu" apresentadas por Anna Freud, enquanto outras destas atividades, como a "anulação retroativa" ou a "identificação com o agressor",[35] plausivelmente descritas pela autora, dificilmente pertencem ao mesmo plano lógico que os mecanismos do recalque e da regressão. Na justaposição destes casos bastante distintos anuncia-se certo esmorecimento da rigorosa teoria perante o material da observação empírica. Mais profundamente ainda do que Freud, sua filha desiste de diferenciar recalque e sublimação, na medida em que ambos são subsumidos no conceito de defesa. O que em Freud ainda pode passar como "realização cultural", ou seja, a realização psíquica não imediatamente útil à satisfação pulsional ou à autoconservação do indivíduo, é considerada por Anna Freud, e não apenas por ela, propriamente como patológica. Assim, a teoria psicanalítica atual pensa esgotar a música, com base em observações clínicas, através da tese da defesa perante a paranoia, e, se fosse consequente o bastante, deveria desprezar toda música.[36] Não se está longe daquelas psicobiografias que pensam poder dizer algo essencial sobre Beethoven, ao se

---

34 Sigmund Freud, Hemmung, Symptom und Angst, in: *Gesammelte Werke*, v.14, Londres, 1948, p.196, e Anna Freud, op. cit., p.51.
35 Anna Freud, op. cit., p.125 e ss.
36 Sobre a controvérsia psicanalítica sobre a música, conferir particularmente Heinrich Racker, "Contribution to Psychoanalysis of Music",

referirem aos traços paranoicos do indivíduo privado, e então se questionam, surpresos, como tal ser humano pôde escrever uma música cuja fama se lhes impõe como um conteúdo de verdade que // seu sistema os impede de assimilar. Tais relações da teoria da defesa com o nivelamento da psicanálise a um princípio de realidade interpretado de forma conformista não faltam totalmente até mesmo no texto de Anna Freud. Ela dedica um capítulo à relação entre o eu e o isso na puberdade. A puberdade é para ela essencialmente o conflito entre o "influxo da libido no psíquico"[37] e a defesa do eu em relação ao isso. A "intelectualização na puberdade"[38] também é atribuída a este processo.

> Há um tipo de adolescente em que o salto para frente no desenvolvimento intelectual não é menos claro e surpreendente do que o processo de desenvolvimento em outros âmbitos. [...] Os interesses concretos do período de latência podem, capturados pela pré-puberdade, transformar-se, sempre de forma mais clara, em abstratos. Particularmente os jovens que Bernfeld descreveu em seu tipo da "puberdade prolongada" possuem uma demanda irrefreável de pensar, ruminar e falar sobre temas abstratos. Muitas amizades juvenis são estabelecidas e conservadas com base nessa necessidade de meditações e discussões em conjunto. São bastante amplos os temas dos quais estes jovens se ocupam e os problemas que tentam resolver. Usualmente trata-se de formas do amor livre ou do casamento e da constituição de família, de li-

---

in: *American Imago*, v.VIII, n.2, junho de 1951, p.129 e ss., em especial p.157.
37 Anna Freud, op. cit., p.167.
38 Ibid., p.182.

berdade ou profissão, de ter ou não residência fixa, de questões de visão de mundo (como religião e ou liberdade de pensamento), de diversas formas da política, de revolução ou subserviência, da própria amizade em todas as suas formas. Quando, na análise, temos a oportunidade de receber relatos fidedignos sobre diálogos entre jovens ou, tal como muitos pesquisadores da puberdade o fizeram, observar os diários e anotações deles, então não apenas nos surpreendemos com a amplitude e ausência de limitações de seu pensamento, como também respeitamos completamente, por sua medida de empatia e compreensão, a aparente superioridade e, eventualmente, quase a sabedoria no tratamento dos problemas mais difíceis.[39]

78   Esse respeito, entretanto, // desaparece rapidamente:

Nosso posicionamento se altera quando redirecionamos nossa observação, do acompanhamento dos processos intelectuais, para sua inserção na vida do jovem. Vemos com surpresa que toda esta alta capacidade intelectual tem pouco ou absolutamente nada a ver com o comportamento do jovem. Sua empatia com a vida alheia não o impede de cometer as mais grosseiras desconsiderações para com seus próximos. Sua elevada concepção do amor e do comprometimento dos amantes não tem nenhuma influência na constante infidelidade e crueza de sentimentos cometida em seus vários relacionamentos amorosos. A inserção na vida social não é minimamente facilitada pelo fato de a compreensão e o interesse pela construção da sociedade frequentemente ultrapassarem em muito a compreensão e o interesse de anos posteriores. A plura-

---

39 Ibid., p.183.

lidade de interesses não impede o jovem de concentrar sua vida propriamente em um único ponto: a ocupação com sua própria personalidade.[40]

Com tais julgamentos, a psicanálise, que outrora quis quebrar o poder da imago paterna sobre os homens, voltou-se decididamente aos pais, que abrem um sorriso de admiração às ideias ousadas das crianças, ou que confiam que a vida lhes ensinará *mores* [costumes], e que consideram mais importante ganhar dinheiro do que construir pensamentos tolos. Condena-se como mero narcisismo o espírito que se distancia dos fins imediatos e ao qual aqueles poucos anos dão tal possibilidade, época em que ele ainda dispõe de suas forças, antes de serem tolhidas e absorvidas para o objetivo de ganhar a vida. Devido à impotência e falibilidade daqueles que ainda acreditam que tal distanciamento é possível, coloca-se a culpa em sua vaidade; sua insuficiência subjetiva é sobrecarregada em relação àquilo em que a ordem subsistente tem muito mais culpa, pois sempre os impede de serem diferentes do que são e quebra nos seres humanos o que os faz diferentes deles mesmos. A teoria psicológica dos mecanismos de defesa se insere na tradição da antiga hostilidade burguesa ao espírito. De seu arsenal invoca-se até mesmo aquele estereótipo que, devido à impotência do // ideal, não ataca as condições que o sufocam, mas o próprio ideal e aqueles que o nutrem. Por mais que aquilo que Anna Freud denomina o "comportamento dos jovens" se diferencie do conteúdo de suas consciências, e na verdade mais por motivos reais do que psicológicos, precisamente tal diferença con-

---

40 Ibid., p.184 e ss.

têm um potencial mais elevado do que a norma da identidade imediata entre ser e consciência, que diz que alguém só deveria pensar como sua existência autoriza. Como se faltassem aos adultos o desrespeito, a infidelidade e a crueza de sentimentos que Anna Freud reprova no "jovem" – só que a brutalidade posteriormente perde a ambivalência que possui, pelo menos enquanto está em conflito com o saber de algo possivelmente melhor, e volta-se contra aquilo com que mais tarde se identifica. "Sabemos", diz Anna Freud, "que não se trata aqui de intelectualidade no sentido usual."[41] Intelectualidade "no sentido usual", por mais usual que ela seja, é confrontada com uma juventude quimérica, sem que a psicologia reflita sobre o fato de que a intelectualidade "usual" deriva da que é menos usual, e que um intelectual, como ginasta ou jovem estudante, dificilmente foi tão vil quanto ao tentar lucrar ganancionsamente com o espírito na luta concorrencial. O jovem que, tal como Anna Freud o delineia, "evidentemente já sente satisfação quando ele em geral pensa, medita e discute",[42] tem toda razão para estar satisfeito: ele precisa se desacostumar rapidamente de seu privilégio, em vez de "encontrar um padrão de valor para seu agir",[43] tal como um filisteu [*Spießbürger*]. "As imagens ideais de amizade e fidelidade eterna necessariamente nada mais são do que um reflexo do cuidado com o próprio eu, que percebe o quão pouco sustentáveis se tornaram todas as suas relações de objeto novas e tumultuadas":[44] é o que se lê pouco à frente, e se agradece a Margit Dubowitz, de Budapeste, a indicação

---

41 Ibid., p.185.
42 Ibid., p.186.
43 Ibid., p.185 e ss.
44 Ibid., p.187.

de que "as ruminações do jovem sobre o sentido da vida e da morte significam um reflexo // do trabalho da destruição em seu próprio interior".[45] Fica em aberto se a pausa para respiro do espírito, que a existência burguesa garante pelo menos aos mais bem situados que se colocam à disposição da psicanálise como material de prova, é tão vaidosa e incapaz de agir quanto parece nos pacientes que fazem associações livres no divã; mas com certeza não haveria nem amizade nem fidelidade, nem pensamento sobre qualquer coisa essencial sem esta pausa. A sociedade atual, no mesmo sentido e com a ajuda da psicanálise integrada, dispõe-se a eliminá-la. O balanço da economia psíquica contabiliza necessariamente como defesa, ilusão e neurose aquilo com que o eu ataca as condições que o forçam à defesa, ilusão e neurose; o psicologismo consequente, que substitui a verdade pela gênese do pensamento, torna-se sabotagem da verdade e apoia o estado negativo, cujos reflexos subjetivos são também condenados pelo psicologismo. A sociedade burguesa tardia é incapaz de pensar ao mesmo tempo gênese e validade em sua unidade e diferença. O muro do trabalho que se congelou, o resultado objetificado, tornou-se para ela opaco e eterno, enquanto a dinâmica – que na verdade, como trabalho, configura um momento da objetividade – é separada desta última e transposta para a subjetividade isolada. Assim, o componente da dinâmica subjetiva é descartado como mera aparência e simultaneamente aplicado contra a compreensão da objetividade: cada uma de tais compreensões torna-se suspeita de ser irrelevante como mero reflexo do sujeito. A luta de Husserl contra o psicologismo, que é contemporânea ao surgimento da

---

45 Ibid., p.187, nota.

psicanálise, a doutrina do absolutismo lógico, que separa a gênese e a validade de obras espirituais em todas as suas etapas e fetichiza esta última, configura o complemento de um modo de proceder que somente percebe a gênese e não sua relação à objetividade e, por fim, anula a ideia de verdade em favor da reprodução do existente. As duas perspectivas, extremamente opostas uma à outra – concebidas, aliás, na Áustria de um // semifeudalismo obsoleto e apologético –, acabam por se igualar. O que existe é ou absolutizado como conteúdo de "intenções", ou protegido de toda a crítica, subordinada a crítica, por sua vez, à psicologia.

As funções do eu, meticulosamente distinguidas pela psicanálise, estão indissoluvelmente imbricadas uma na outra. Sua diferença, na verdade, é a existente entre a demanda da sociedade e do indivíduo. Por isso, não há como separar o joio do trigo na psicologia do eu. O método catártico original exige que o inconsciente se torne consciente. Uma vez que a teoria freudiana definiu o eu (que de fato precisa dominar elementos contraditórios) também como instância recalcante, assim a análise – pelo menos de acordo com uma consequência total – deve demolir [*abbauen*] o eu, ou seja, os mecanismos de defesa que se apresentam nas resistências, mas sem os quais a identidade do princípio do eu não seria pensável diante da multiplicidade dos impulsos invasivos. Disso se segue a absurdidade prático-terapêutica de que os mecanismos de defesa devem às vezes ser rompidos e às vezes reforçados – uma concepção que Anna Freud aprovava explicitamente.[46]

---

46 "A situação da defesa devido à angústia perante a força pulsional é a única em que o analista não pode manter as suas promessas. Esta

Nos psicóticos, a defesa deveria ser cultivada; nos neuróticos, vencida. Naqueles, as funções defensivas do eu devem evitar o caos dos instintos e a desagregação, e considera-se satisfatória a "supportive therapy" [terapia de apoio]. Nas neuroses, o apoio é dado pela técnica tradicional catártica, porque aqui o eu pode dominar a pulsão. Esta práxis absurdamente dualista ignora o parentesco, // por princípio, entre neurose e psicose ensinado pela psicanálise. Quando se concebe realmente um *continuum* entre neurose obsessiva e esquizofrenia, não se deve propor insistir, no primeiro caso, na passagem para o âmbito consciente e tentar, no segundo, manter os pacientes "funcionalmente capazes", procurando protegê-los daquilo tomado como o maior dos perigos, mas que por outro lado se invoca como o que salva. Se atualmente o enfraquecimento do eu é visto como uma das estruturas neuróticas mais essenciais,[47] então parece questionável todo procedimento que recorta mais ainda o eu. O antagonismo social reproduz-se no objetivo da análise, que não mais sabe, nem pode saber, para onde quer conduzir o paciente, se para

---

luta ferrenha do eu contra os excessos que partem do isso, como por exemplo um surto psicótico, é sobretudo uma questão quantitativa. Nesta luta, o eu demanda em seu auxílio apenas reforço. Onde a análise pode fornecê-lo, ao tornar conscientes os conteúdos inconscientes do isso, age aqui também como terapia. Onde ela, entretanto, ao tornar conscientes as atividades inconscientes do eu, descobre os mecanismos de defesa e os torna inativos, age como enfraquecimento do eu e favorece o processo da doença" (Anna Freud, op. cit., p.76 e ss.). Segundo a teoria, entretanto, esta "única situação", a angústia perante a força pulsional, seria o motivo de toda defesa.

47 Cf. Herrmann Nunberg, Ichstärke und Ichschwäche, in: *Internationale Zeitschrift für Psychoanalyse*, v.24, 1939.

a felicidade da liberdade ou para a felicidade na não liberdade. Ela se livra dessa dificuldade ao tratar lentamente pelo método catártico o paciente com bom poder aquisitivo que possa pagar, mas fornece apenas apoio psicoterapêutico ao pobre, que precisa rapidamente se tornar apto ao trabalho – uma divisão que faz do rico um neurótico e do pobre um psicótico. Isso é confirmado pela estatística que demonstrou correlações entre esquizofrenia e baixo *status* social.[48] Fica em aberto, se, de resto, o procedimento mais profundo é realmente preferível ao mais superficial; se não saem melhor os pacientes que pelo menos seguem aptos ao trabalho e não precisam hipotecar a alma ao analista, com a vaga perspectiva de que um dia a transferência, que se reforça ano após ano, irá se dissolver. A própria terapia psicológica sofre da contradição entre sociologia e psicologia: tudo o que ela começa é falso. Se a análise dissolve as resistências, então enfraquece o eu, e a fixação no analista se torna mais do que um mero estádio provisório, a saber, o substituto para a instância que se subtrai ao paciente. Se o eu é reforçado, então, segundo a teoria ortodoxa, reforçam-se ainda mais as forças através das quais o eu // mantém o inconsciente abaixo de si, os mecanismos de defesa, que permitem ao inconsciente permanecer com sua essência destrutiva.

A psicologia não é nenhuma reserva do particular protegido do universal. Quanto mais crescem os antagonismos sociais, mais evidentemente perde sentido o conceito individualista e totalmente liberal da psicologia. O mundo pré-burguês ainda não conhece a psicologia, e o totalmente socializado, não mais.

---

48 August B. Hollingshead; Frederick C. Redlich, Social Stratification and Schizophrenia, in: *American Sociological Review*, v.19, n.3, p.302 e ss.

A este corresponde o revisionismo analítico, que é adequado ao deslocamento de forças entre sociedade e indivíduo. O poder social quase não precisa mais das agências mediadoras do eu e da individualidade. Isso se manifesta precisamente como um crescimento da assim chamada psicologia do eu, enquanto na verdade a dinâmica psicológica individual é substituída pela adaptação, em parte consciente, em parte regressiva, do indivíduo na sociedade. Os rudimentos irracionais são espargidos como óleo lubrificante da humanidade na maquinaria. Conformes à época atual, são aqueles tipos que nem possuem um eu nem agem propriamente de forma inconsciente, mas espelham o movimento objetivo de forma reflexa. Realizam em conjunto um ritual sem sentido, seguem o ritmo compulsivo da repetição, empobrecem afetivamente: com a destruição do eu cresce o narcisismo ou seus derivados coletivos. A brutalidade do exterior, a sociedade total que age uniformemente, bloqueia a diferenciação e se serve do núcleo primitivo do inconsciente. Ambos conspiram para a aniquilação da instância mediadora; as moções arcaicas triunfais, a vitória do isso sobre o eu, harmonizam-se com o triunfo da sociedade sobre o indivíduo. A psicanálise, em sua forma autêntica e historicamente já ultrapassada, alcança sua verdade como relato sobre os poderes da destruição que se proliferam no particular em meio ao universal destrutivo. Permanece falso nela o que aprendeu do movimento social, sua demanda por totalidade, que – em contraste com a afirmação do Freud inicial de que a análise quereria apenas acrescentar algo ao já conhecido – torna-se aguda na expressão do Freud tardio de que "também a sociologia, que trata do comportamento do ser humano em sociedade, não pode ser nada mais do que psicologia aplicada".[49] // Existe ou existiu um domínio pátrio psicanalítico com evidência específica; quanto mais a psicanálise se distancia dele, tanto mais suas teses são ameaçadas pelas alternativas da superficialidade ou do sistema delirante [Wahnsystem]. Quando alguém comete um ato falho e deixa escapar uma palavra com coloração sexual; quando alguém tem fobia de lugares ou uma mulher é sonâmbula, então a análise possui não apenas suas melhores chances terapêuticas, como também seu objeto próprio: o indivíduo relativamente autônomo, monadológico, como palco do conflito inconsciente entre moção pulsional e proibição. Quanto mais ela se distancia desta zona, tanto mais precisa proceder de forma ditatorial, tanto mais tem que arrastar para o reino das sombras da imanência psíquica o que pertence à realidade. Sua ilusão aí não é de forma alguma diferente da que existe na "onipotência dos pensamentos", que ela mesma criticou como infantil. A culpa para tal não é, por exemplo, que perante o isso – em que a psicanálise com razão se concentrou enquanto ainda possuía seu objeto adequado – o eu seria uma segunda fonte autônoma do psíquico, mas sim que, para o bem ou para o mal, o eu se tornou autônomo perante a pura imediatidade das moções pulsionais, por meio do que, aliás, surgiu inicialmente o domínio da psicanálise, sua zona de conflito. O eu, como algo que brota, desponta [als entsprungenes], é uma parcela da pulsão e ao mesmo tempo um outro. Isso a psicanálise não pode pensar, e precisa reduzir tudo ao denominador do que o eu foi outrora. Na medida em que revoga a diferenciação, que se chama

---

49 Freud, Neue Folge der Vorlesungen zur Einführung in die Psychoanalyse, in: *Gesammelte Werke*, v.15, Londres, 1944, p.194.

"eu", a psicanálise, se torna ela mesma o que menos gostaria: uma parte da regressão. Isso se dá porque a essência não é o abstratamente repetido, mas sim o universal como diferenciado. O humano se forma como sensibilidade para a diferença em geral em sua experiência mais poderosa, a dos sexos. A psicanálise – ao nivelar tudo o que ela designa como inconsciente, enfim, todo o humano – parece submeter-se a um mecanismo do tipo da homossexualidade: não ver nada que seja diferente. Assim, os homossexuais mostram uma espécie de cegueira cromática para com a experiência: a incapacidade para o conhecimento do que é individualizado; para eles, todas as mulheres são, em duplo sentido, "iguais". Este esquema, ou seja, a incapacidade de amar – pois o amor visa irrefutavelmente o universal no particular – // é o motivo do que é atacado pelos revisionistas de forma por demais superficial: a frieza analítica, que se amalgama a uma tendência agressiva que deve ocultar o verdadeiro direcionamento pulsional. Não apenas em sua forma decadente no mercado, mas já em sua origem a psicanálise se conforma à reificação dominante. Quando um famoso pedagogo e analista estabelece o princípio de que se deveria mostrar às crianças associais e esquizoides o quanto se gosta delas, então a exigência de amar uma criança repulsivamente agressiva desmerece tudo pelo que a análise luta; o próprio Freud reprovou uma vez o mandamento do amor universal.[50] A psicanálise se une ao desprezo pelo ser humano: por isso serve

---

[50] "Um amor que não escolhe parece perder uma parte de seu próprio valor, ao praticar uma injustiça a seu objeto [...]. Nem todos os seres humanos são dignos de serem amados" (Freud, Das Unbehagen in der Kultur, in: *Gesammelte Werke*, v.14, Londres, 1944, p.461).

tão bem ao ramo dos psicoterapeutas. Segundo seu princípio, a psicanálise tende a capturar e controlar as moções espontâneas que ela mesma liberta: o indiferenciado, o conceito sob o qual ela subsume os desvios, é sempre ao mesmo tempo uma parte da dominação. A técnica concebida para curar a pulsão de sua mutilação burguesa mutila-a através de sua própria emancipação, adestra os seres humanos encorajados por ela a se reconhecerem em sua pulsão como membros úteis de uma totalidade destrutiva.

1955

// Pós-escrito

Em 6 de novembro de 1965, realizou-se, em reunião dos membros da diretoria da Sociedade Alemã de Sociologia, um simpósio interno sobre a relação entre sociologia e psicologia. A proposta temática foi dada pelo presidente de honra Leopold von Wiese, que falou sobre caráter social e privado. O comentário de Alexander Mitscherlich, reproduzido aqui,[51] ligou-se a essa temática; seguiu-se uma discussão raramente tão viva.

Se me permitem acrescentar algumas reflexões, interessam-me sobretudo os argumentos de Mitscherlich. Eu mesmo havia publicado, sobre o mesmo objeto, no primeiro volume da *Sociologica*, um tratado com o título "Sobre a relação entre sociologia e psicologia". Ele necessita de confrontação com o texto

---

51 Alexander Mitscherlich, Das soziale und das persönliche Ich, in: *Kölner Zeitschrift für Soziologie und Sozialpsychologie*, n.18 (1966), p.21-36. [Nota da edição alemã.]

de Mitscherlich, na medida em que, em vários aspectos, não me satisfaz mais. Exponho as formulações em forma de teses.

1. Em vista da presente impotência do indivíduo – de todos os indivíduos –, a sociedade, bem como a sociologia e a economia que dela se ocupam, tem a primazia na explicação de processos e tendências sociais. Mesmo quando o indivíduo age individualmente – embora no sentido de Max Weber aja socialmente –, o órgão de tal agir, a *ratio*, é essencialmente uma instância social, não psicológica. Por isso a doutrina weberiana da compreensão colocou no centro das reflexões o conceito da racionalidade orientada a fins. Como meio do conhecimento social, a psicologia se torna relevante apenas em vista de modos de comportamento irracionais de indivíduos, e sobretudo de grupos. Isso certamente é o caso nos movimentos de massa passados e atuais. // Na medida em que os interesses de uma minoria poderosa se impõem contra os interesses racionais da maioria, isso não ocorre mais contra tal maioria, mas através dela. A isso se prestam mecanismos psicológicos manipuláveis, precisamente porque os modos de comportamento necessários à tendência da dominação em tais situações são irracionais. A própria psicologia analítica conhece os motivos pelos quais esses processos, embora tomem o indivíduo como seu palco e sejam nutridos pela energia pulsional individual, decorrem de forma tão uniformemente funesta. Segundo a forma, os processos individuais harmonizam-se extremamente bem com o movimento social universal. Em relação a isso, deve-se pensar tanto na constituição pré-individual e indiferenciada do inconsciente de cada um, tal como Freud descreveu, quanto no fato de que são bastante típicos os conflitos que o indivíduo experimenta nas fases iniciais decisivas de seu

desenvolvimento, como os que ocorrem entre ele e as agências sociais, tal como a família. Isso foi demonstrado por Freud no modelo do Édipo. Não se deve hipostasiar, de fato, nenhuma consciência ou inconsciente coletivos; além disso, os conflitos se desenrolam, por assim dizer, sem janelas nos indivíduos e devem ser deduzidos nominalisticamente de sua economia pulsional individual – mas eles possuem forma idêntica em inumeráveis indivíduos. Por isso, o conceito de psicologia social não é tão equivocado quanto esta palavra composta e seu uso mundialmente disseminado fazem crer. A primazia da sociedade é reforçada retrospectivamente por aqueles processos psicológicos típicos, sem que aí se anuncie equilíbrio ou harmonia entre os indivíduos e a sociedade.

2. A separação entre psicologia e sociologia desenhada pelo mapa das ciências não é algo absoluto, mas tampouco insignificante e refutável arbitrariamente. Nela se expressam um estado falso perene, a divergência entre o universal e sua legalidade, por um lado, e o indivíduo na sociedade, por outro. Se a sociedade porventura não fosse mais repressiva, então desapareceria a diferença entre a sociologia e o especificamente psicológico, embora a superestrutura – à qual se deve subordinar todo o âmbito psicológico enquanto vigorar a prevalência da economia – altere-se mais lentamente; // demoraria muito até que o universal social fosse de fato a substância [*Inbegriff*] das necessidades individuais e até que o indivíduo perdesse os traços que são as cicatrizes de sua repressão existente desde tempos ancestrais. Na medida em que a divisão de trabalho científica é conforme àquela real divergência, ela é legítima. Mesmo a mais perfeita colaboração interdepartamental não eliminaria a divergência na própria coisa. Seu conceito em voga

pressupõe, segundo o ideal científico atual, uma continuidade coerente onde reina a ruptura. Por isso ele facilmente cumpre funções ideológicas.

3. É criticável a divisão de trabalho das ciências sociologia e psicologia, na medida em que sanciona o estado em que sociedade e indivíduo se separam um do outro irreconciliavelmente, e representa o que está dividido como algo em si naturalmente diverso. Não é dos menores méritos de Freud não remeter os fenômenos tratados por Le Bon à sugestão das massas, à sua consciência, ou mesmo a um inconsciente coletivo, mas sim derivar da dinâmica pulsional individual a suposta sugestão das massas. Exatamente por isso ficou demonstrado o quão pouco se devem separar de forma quimicamente pura o social e o individual na psicologia. Freud, que não sem o ímpeto de expansão do especialista quis compreender enfim a sociologia como psicologia aplicada, encontrou paradoxalmente o social (como a interdição do incesto, a internalização da imago paterna e formas das hordas primitivas) nas células psicológicas mais profundas. Quem separa sociologia e psicologia rigidamente uma da outra elimina interesses essenciais de ambas as disciplinas: o interesse da sociologia por sua relação retroativa aos seres humanos vivos, por mais mediada que esta seja; o da psicologia pelo momento social de suas categorias monadológicas. Mesmo em Freud este momento social aparece apenas de forma um tanto abstrata, como algo externo à psicologia, a "exigência da vida" [*Lebensnot*]. Ele reconheceu tacitamente que a teoria pulsional não poderia, apenas por si, fundar o comportamento social; que os seres humanos por si são um algo diferente em relação aos seres humanos como um ser social. Na diferenciação entre pulsões do eu e do objeto

está codificada aquela diferença no interior da psicologia. De forma consequente, entretanto, a psicanálise ocupou-se primordialmente das pulsões de objeto, e a desconsideração da psicologia do eu prejudicou-a algumas vezes quando se voltou para fenômenos sociais atuais.

4. Quem, tal como Freud, concebesse a sociologia como psicologia aplicada, cairia, apesar de toda a intenção esclarecedora, na ideologia. Isso porque a sociedade não é constituída imediatamente por seres humanos, pois as relações entre eles se autonomizaram. Elas confrontam todos os indivíduos, tendo mais poder que eles, e mal toleram as moções psicológicas como distúrbios da maquinaria social, que são integrados na medida do possível. Quem quisesse tornar frutífera para a sociologia da empresa a psicologia do dono do consórcio obviamente cairia em um absurdo.

5. Tampouco se deve sociologizar a psicanálise. As tentativas arquitetadas pelas escolas revisionistas em nome da experiência e contra a teoria castrou a psicanálise: através da sobrevalorização da psicologia do eu perante o sexo, e como técnica de adaptação bem-sucedida, integrou-a socialmente. Isso também afeta as categorias sociais empregadas. O princípio social do prestígio, por exemplo, tão importante para os revisionistas, orienta-se pelo mecanismo de concorrência da sociedade burguesa, mas na qual a concorrência é um epifenômeno em contraste com a esfera de produção. Os conhecimentos psicológicos e sociais são tão mais decisivos e podem ser tão mais significativos reciprocamente quanto menos um se apoia imediatamente no outro.

6. A primazia da sociedade sobre a psicologia impôs-se essencialmente pelo fato de que a psicanálise, socialmente constituída, reforça a capacidade funcional dos seres humanos no

interior da sociedade funcional; torna-se, segundo a expressão de Horkheimer, massagem. Na exigência freudiana de que de onde o isso estava adviesse o eu, tal situação está pelo menos predisposta. O outro potencial da psicanálise é para a liberação da pulsão, a cujo serviço está a rigorosa teoria sexual, que deve ser defendida. Sua depreciação como ortodoxia, bem como a ânsia de datá-la no século XIX, demonstram — como, aliás, todos os semelhantes *topoi* — a resistência contra o esclarecimento. Particularmente os esforços de fundir a análise com a filosofia existencial transformam-na em seu contrário. Freud é // sempre recalcado na Alemanha; tomando uma expressão de Lukács: aplainado pela profundidade. A afirmação de que ele estaria ultrapassado é, na Alemanha, mera expressão do obscurantismo; ele deveria, na verdade, ser retomado.

7. Hoje se demonstra cruelmente que a separação dos dois âmbitos não é absoluta. O que já se anuncia nas técnicas de *brain washing* [lavagem cerebral] e na integração dos subversivos através de tortura parece alcançar sua plena consequência nos fenômenos chineses invocados por Mitscherlich. As tentativas da ciência de sintetizar psicologia e sociologia fracassaram ao interpretar momentos sociais como o papel do indivíduo em seu grupo, enquanto, vistos a partir da psicologia diretamente como determinantes psicológicas, eles alcançam tão somente as camadas exteriores da pessoa voltadas à realidade, mas não propriamente os processos inconscientes profundos, pelos quais os revisionistas psicanalíticos também se desinteressaram. A práxis da coletivização radical, entretanto, que conduz a progressiva dissolução histórica do indivíduo e a acelera de forma chocante, dirige-se ao todo. As abominações da educação social, descritas por Mitscherlich, deixam para trás toda

a costumeira "influência" social da psique, porque elas não se satisfazem com a injeção de conteúdos ou com a diminuição da força de resistência do eu, mas sim tomam em seu poder seus constituintes formais até a base da vida inconsciente. Se a psicanálise quis ser alguma vez uma reeducação, ela acabará por tornar-se a reprodução literal de situações da primeira infância, revogando em geral a formação do eu. Essa dominação psíquica integral impõe drasticamente a tendência da regressão dirigida, tal como ela se mostra esboçada no efeito cumulativo dos assim chamados meios de comunicação em massa, e de forma inofensiva em relação ao novo. Indivíduo e sociedade se unificam na medida em que a sociedade irrompe nos seres humanos abaixo de sua individuação e a bloqueia. Na repressão bárbara que é exercida aí, mostra-se que esta unidade não é uma forma mais elevada dos sujeitos, pois os remete a um estágio arcaico. A identidade que surge não é reconciliação // entre o universal e o particular, mas sim o universal como absoluto, em que o particular desaparece. Os indivíduos são propositalmente tornados semelhantes aos modos de comportamento biológicos cegos, tornam-se tal como as figuras dos romances e peças de Beckett. O teatro supostamente absurdo é realista.

8. O indivíduo, tal como ensina o decurso histórico e a gênese psicológica, é algo originado; ele não pode afirmar para si aquela invariância cuja aparência tomou em épocas de uma sociedade individualista. Este juízo, porém, não é absoluto. O que brotou, despontou [*das Entsprungene*], pode, segundo a perspectiva de Nietzsche, ser superior a sua origem. A crítica ao indivíduo não visa sua aniquilação, pois senão o curso do mundo, segundo um idealismo por demais realista, transforma-se em tribunal do mundo, e a primitividade insti-

tucionalmente estabelecida é confundida com a realização do *zoon politikon* [animal político]. A identidade entre sociedade e indivíduo na forma em que ela se encaminha é o totalmente negativo: assim ela é experimentada pelo indivíduo através de um extremo de dor física e sofrimento psíquico.

A construção teórica da separação entre sociologia e psicologia derivada do princípio social dominante – as quais, depois de se separarem, se desenvolveram em alguma medida independentemente uma da outra como estados concorrentes – deve ser corrigida, pois ela despreza em demasia as zonas críticas onde o que está separado se toca gravemente. A unidade antagônica permanece unidade mesmo em seu antagonismo. Tampouco psicologia e sociedade influenciam-se reciprocamente de forma imediata – tal como se concebe segundo o modelo que apreende a cisão como algo logicamente exterior e ao mesmo tempo de objetos reificados, em vez de apreendê-la de forma estrutural –, tão pouco também o que se divide segundo tal princípio decorre de fato independentemente um do outro. Não apenas a unidade abstrata do princípio conecta reciprocamente sociedade e indivíduo, bem como suas formas de reflexão científicas, sociologia e psicologia, mas também ambos nunca ocorrem *choris* [separado, cindido]. Assim, os momentos da realidade social mais importantes, isto é, mais ameaçadores e por isso recalcados, penetram na psicologia, no inconsciente subjetivo, mas transformados em *imagines* coletivas, tal como Freud demonstrou // nas conferências no Zeppelin. Ele o coloca naquela série de imagens arcaicas, cuja descoberta Jung tomou-lhe de empréstimo, a fim de destacá-las totalmente da dinâmica psicológica e empregá-las normativamente. Tal *imagerie* é a forma atual do mito que exprime de forma cifrada o social: a concepção de Benjamin das imagens dialéticas pretendeu discerni-las teoricamente. Os mitos são tais imagens em sentido estrito, pois a metamorfose do social em um interno [*ein Inwendiges*] e aparentemente atemporal torna-o falso. A *imagerie*, literalmente compreendida e aceita, é falsa consciência necessária. Os choques da arte, afeitos a tal *imagerie*, gostariam especialmente de fazer explodir aquela inverdade. Por outro lado, os mitos da modernidade são a verdade, na medida em que o próprio mundo ainda é o mito, o contexto de ofuscação arcaico. Este momento de verdade pode ser lido em muitos sonhos: mesmo nos mais intrincados, algumas vezes descobre-se sobre nossos conhecidos algo verdadeiro, ou seja, algo negativo, isento de ideologia, como o que está sob o controle do estado de vigília. As pessoas são como nos sonhos, e assim é o mundo.

Socialmente, uma zona de contato é a da espontaneidade. A psicologia é relevante não apenas como meio da adaptação, mas também onde a socialização encontra seus limites no sujeito. Este se opõe ao sortilégio social com forças daquela camada em que o *principium individuationis*, através do qual a civilização se impõe, ainda se afirma contra o processo da civilização, que o liquida. Não foi nos países capitalistas mais avançados que a *résistance* se deu de forma mais forte. Se os processos de integração, tal como parece, apenas enfraquecem o eu até um valor limite, ou se, como no passado, podem ainda, ou novamente, fortalecê-lo – isso não foi ainda questionado de modo preciso. Esta questão deveria ser acolhida em uma psicologia social que penetra no núcleo social da psicologia, sem imiscuir-lhe um parco acréscimo de conceitos sociológicos. Ela deveria decidir levando em consideração os sujeitos.

1966

Antissemitismo e propaganda fascista

As observações contidas neste artigo baseiam-se em três estudos feitos pelo Programa de Pesquisa em Antissemitismo[1] com o patrocínio do Instituto de Pesquisa Social na Universidade de Columbia. Esses estudos analisam uma extensa amostra de propagandas antidemocráticas e antissemitas, consistindo principalmente de transcrições taquigráficas de palestras radiofônicas de alguns agitadores da Costa Oeste dos Estados Unidos, panfletos e publicações semanais. Esses trabalhos são de natureza principalmente psicológica, embora frequentemente abordem problemas econômicos, políticos e sociológicos. Consequentemente, é o aspecto psicológico da análise da propaganda, e não seu conteúdo objetivo, que estamos considerando aqui. Não se procurou realizar nem um tratamento exaustivo dos métodos empregados, nem uma enunciação de uma teoria psicanalítica completa da propaganda antidemocrática. Além disso, omitiram-se fatos e interpretações geralmente conhecidos por aqueles familiarizados com a

---

[1] Autores: Theodor W. Adorno, Leo Lowenthal e Paul W. Massing.

psicanálise. O objetivo foi, antes, salientar alguns resultados que, embora preliminares e fragmentários, podem sugerir uma avaliação psicanalítica ulterior.

O próprio material estudado indica uma abordagem psicológica, pois está concebido em termos mais psicológicos do que objetivos. Almeja convencer as pessoas *manipulando seus mecanismos inconscientes*, e não apresentando ideias e argumentos. Não apenas a técnica oratória dos demagogos fascistas é de uma natureza astuciosamente ilógica e pseudoemocional; mais do que isso: programas políticos positivos, postulados, ou quaisquer ideias políticas concretas desempenham um papel menor quando comparados aos estímulos psicológicos direcionados à audiência. É através desses estímulos e de outras informações, e menos das plataformas confusas e vagas dos discursos, que podemos identificá-los como fascistas.

// Consideremos três características da abordagem predominantemente psicológica da atual propaganda fascista norte-americana.

1. Trata-se de uma propaganda *personalizada*, essencialmente não objetiva. Os agitadores despendem grande parte de seu tempo falando sobre si mesmos ou sobre suas audiências. Eles se apresentam como lobos solitários, como cidadãos norte-americanos saudáveis e sadios, com instintos robustos, como altruístas e infatigáveis; incessantemente divulgam intimidades reais ou fictícias sobre sua vida e de sua famílias. Além disso, aparentam ter um caloroso interesse humano nas pequenas preocupações diárias de seus ouvintes, apresentados por eles como cristãos nativos, pobres mas honestos, de bom senso mas não intelectuais. Eles se identificam com seus ouvintes e colocam particular ênfase em serem simultaneamente tan-

to homens pequenos e modestos quanto líderes de grande calibre. Frequentemente referem-se a si mesmos como meros mensageiros daquele que está por vir – um truque já familiar nos discursos de Hitler. Esta técnica está provavelmente relacionada de forma íntima com a substituição de um imaginário paterno por um ego coletivo.[2] Outro esquema favorito de personalização é insistir em pequenas necessidades financeiras e suplicar por pequenas quantias de dinheiro. Os agitadores recusam qualquer pretensão à superioridade, sugerindo que o líder por vir é alguém tão frágil quanto seus irmãos, mas que ousa confessar sua fraqueza sem inibição e, consequentemente, será transformado no homem forte.

2. Todos esses demagogos substituem os fins pelos meios. Falam muito sobre "este grande movimento", sobre sua organização, sobre um amplo renascimento norte-americano que esperam realizar, mas raramente dizem alguma coisa sobre aquilo a que se supõe que tal movimento conduzirá, para qual fim a organização é boa ou o que o misterioso renascimento pretende positivamente alcançar. Eis um exemplo típico de descrição redundante da ideia de renascimento por um dos mais bem-sucedidos agitadores da Costa Oeste:

> Meu amigo, há somente uma via para alcançar um renascimento, e toda a América precisa alcançá-lo, bem como todas as igrejas. A história do grande renascimento galês é simplesmente esta. Os homens entraram em desespero pela santidade de Deus no mundo, e começaram a orar, e começaram // a pedir que fosse

---

[2] Autores: Theodor W. Adorno, Leo Lowenthal e Paul W. Massing.

enviado um renascimento (!), e onde quer que os homens e as mulheres fossem, o renascimento se fazia.

A glorificação da ação, de algo que está acontecendo, simultaneamente oblitera e substitui o propósito do assim chamado movimento. O fim é "que nós possamos demonstrar ao mundo que existem patriotas, homens e mulheres cristãos tementes a Deus, que ainda estão dispostos a dar suas vidas à causa de Deus, ao lar e à pátria".[3]

3. Dado que toda a ênfase dessa propaganda é promover os meios, ela mesma se torna o conteúdo último. Em outras palavras, ela funciona como um tipo de *realização de desejo*. Este é um de seus mais importantes padrões. As pessoas são convidadas a entrar, tal como se compartilhassem uma droga. Elas são recebidas com confiança, tratadas como se fossem da elite que merece conhecer os obscuros mistérios, ocultos a quem está fora. O prazer de bisbilhotar é tanto encorajado quanto satisfeito. Constantemente se contam histórias escandalosas, a maioria fictícias, particularmente de excessos sexuais e atrocidades; a indignação com a obscenidade e a crueldade nada mais é, entretanto, do que uma fina racionalização, propositalmente transparente, do prazer que essas histórias proporcionam ao ouvinte. Ocasionalmente ocorre um deslize da língua, através do qual se pode identificar a difamação como um fim em si mesmo. Um demagogo da Costa Oeste, por exemplo, certa vez prometeu fornecer, em seu discurso seguinte, todos os detalhes sobre um decreto falso do governo soviético organizando a

---

[3] Todas as citações foram tomadas literalmente, sem nenhuma alteração, das transcrições taquigráficas.

prostituição de mulheres russas. Ao anunciar essa história, o locutor disse que ninguém verdadeiramente homem ouviria tais fatos sem sentir um frio na espinha. A ambivalência implicada neste artifício do "frio na espinha" ["*tingling backbone*"] é evidente.

Em certa medida, todos esses padrões podem ser explicados racionalmente. Muito poucos agitadores norte-americanos ousariam professar abertamente objetivos fascistas e antidemocráticos. Em contraste com a Alemanha, a ideologia democrática neste país desenvolveu certos tabus cuja violação poderia ameaçar as pessoas que se engajam em atividades subversivas. Assim, por razões de censura política e tática psicológica, o demagogo fascista aqui está muito mais restrito quanto ao que pode dizer. Além disso, certa imprecisão relativa aos fins políticos é inerente ao próprio fascismo. Isso se // deve em parte a sua natureza intrinsecamente não teórica, em parte ao fato de que seus seguidores acabarão trapaceados, e que, assim, os líderes precisam evitar qualquer formulação que posteriormente tenham que reafirmar. Deve-se notar também que em relação às medidas repressivas e de terror, o fascismo habitualmente vai *além* do que é anunciado. Totalitarismo significa desconhecer limites, não permitir nenhuma pausa para fôlego, conquistar impondo dominação absoluta, exterminar completamente o inimigo escolhido. Diante desse significado do "dinamismo" fascista, qualquer programa claramente delineado funcionaria como uma limitação, uma espécie de garantia dada até mesmo ao adversário. É essencial à regra totalitária que nada seja garantido, nenhum limite seja imposto à arbitrariedade impiedosa.

Por fim, devemos ter em mente que o totalitarismo considera as massas não como seres humanos autodeterminados que decidem racionalmente seu próprio destino e que devem, portanto, ser tratados como sujeitos racionais, mas sim que ele os trata como meros objetos de medidas administrativas, ensinados, acima de tudo, a se autoanular e a obedecer ordens.

Precisamente este último ponto, entretanto, requer um escrutínio de certa forma mais detalhado, se se pretende ir além da ideia corriqueira sobre a hipnose de massa sob o fascismo. É altamente duvidoso se a hipnose de massa de fato ocorre no fascismo, ou se ela não é uma metáfora fácil que permite ao observador dispensar uma análise mais aprofundada. A sobriedade cínica é provavelmente mais característica da mentalidade fascista do que a intoxicação psicológica. Além do mais, nenhuma pessoa que tenha tido a oportunidade de observar atitudes fascistas poderá negligenciar o fato de que até mesmo aqueles estágios de entusiasmo coletivo a que se refere o termo "hipnose de massa" possuem um elemento de manipulação consciente, tanto pelo líder ele mesmo quanto pelo próprio sujeito individual, o que faz que dificilmente possamos falar do resultado de um contágio meramente passivo. Falando psicologicamente, o eu desempenha um papel grande demais na irracionalidade fascista para que se pudesse admitir uma interpretação do suposto êxtase como uma mera manifestação do inconsciente. Há sempre algo autoestilizado, auto-ordenado, espúrio, em relação à histeria fascista, que demanda atenção crítica, se a teoria psicológica sobre o fascismo não quer ceder aos *slogans* irracionais que o próprio fascismo promove.

401 Ora, o que o discurso fascista, em particular a // propaganda antissemita, deseja alcançar? Certamente, seu objetivo não é "racional", pois ele não tenta convencer o povo e sempre permanece em um nível não argumentativo. Em relação a isso, dois fatos merecem investigação detalhada:

1. A propaganda fascista ataca fantasmas [*bogies*], e não oponentes reais, ou seja, ela constrói um *imaginário* do judeu ou do comunista, separa-o em pedaços sem prestar muita atenção a como este imaginário se relaciona com a realidade.

2. Ela não emprega uma lógica discursiva mas, particularmente em exibições oratórias, serve-se do que poderia ser chamado um fluxo organizado de ideias. A relação entre premissas e inferências é substituída por vínculos de ideias baseadas em mera similaridade, frequentemente através de associação, ao empregar a mesma palavra característica em duas proposições que são logicamente bastante desconexas. Este método não apenas se furta ao mecanismo de controle do exame racional, como também torna psicologicamente mais fácil para o ouvinte "seguir". Este não tem que construir exatamente um pensamento, pois pode abandonar-se passivamente a uma corrente de palavras na qual mergulha.

A despeito desses padrões regressivos, entretanto, a propaganda antissemita não é de forma alguma irracional em seu todo. O termo "irracionalidade" é vago demais para descrever suficientemente um fenômeno psicológico tão complexo. Sabemos muito bem que a propaganda fascista, com toda a sua lógica enviesada e distorções fantásticas, é conscientemente planejada e organizada. Se ela deve ser chamada de irracional, então é uma irracionalidade aplicada, mais do que uma espontânea, um tipo de psicotécnica reminiscente do efeito calculado, conspícuo na maior parte das apresentações da cultura de massa de hoje, tal como em filmes e transmissões radiofônicas. Ainda que seja verdade, entretanto, que a mentalidade do agitador fascista reflita em alguma medida a confusão mental de seus possíveis seguidores, e também que seus líderes sejam eles próprios "de tipo histérico ou mesmo paranoico", eles aprenderam, a partir de vasta experiência e do exemplo enfático de Hitler, como utilizar suas próprias disposições neuróticas ou psicóticas para fins totalmente adaptados ao princípio de realidade (*realitätsgerecht*).[4] As condições prevalecentes em nossa sociedade tendem a transformar a neurose e até mesmo a loucura moderada em uma mercadoria, que o doente pode facilmente vender, bastando que ele descubra que muitos outros têm uma afinidade // com sua própria doença. O agitador fascista é usualmente um exímio vendedor de seus próprios defeitos psicológicos. Isso somente é possível devido a uma similaridade estrutural geral entre seguidores e líder, e o objetivo da propaganda é estabelecer um acordo entre eles, em vez de dirigir à audiência quaisquer ideias ou emoções que não fossem dos próprios seguidores desde o começo. Assim, o problema da verdadeira natureza psicológica da propaganda fascista pode ser formulado: em que consiste esta relação entre líder e seguidores na situação de propaganda?

Uma primeira indicação é oferecida por nossa observação acima de que este tipo de propaganda funciona como uma gratificação. Podemos compará-la ao fenômeno social da novela [*soap opera*]. Assim como a dona de casa, que apreciou os sofrimentos e as boas ações de sua heroína favorita durante quinze minutos da transmissão, sente-se impelida a comprar o sabão vendido pelo patrocinador, assim também age o ouvinte da

---

[4] A expressão alemã entre parênteses consta no original. (N. T.)

propaganda fascista: após obter prazer com ela, aceita a ideologia representada pelo locutor como forma de gratidão pelo show. "Show" é de fato a palavra certa. A construção do líder autoestilizado é uma *performance* reminiscente do teatro, do esporte e do assim chamado renascimento religioso. É característico dos demagogos fascistas se vangloriar de terem sido heróis atléticos em sua juventude. É assim que se comportam. Eles gritam e choram, lutam com o demônio em pantomimas e tiram seus casacos ao atacarem "aqueles poderes sinistros".

Os típicos líderes fascistas são frequentemente chamados de histéricos. Não importa como chegaram a essa atitude: seu comportamento histérico satisfaz certa função. Embora realmente reflitam seus ouvintes na maioria dos aspectos, diferem deles em um ponto importante: não conhecem inibições ao se exprimir. Eles atuam de forma vicária por seus ouvintes desarticulados ao fazer e dizer o que os últimos gostariam mas não conseguem ou não se atrevem a tal. Violam os tabus que a sociedade de classe média colocou sobre qualquer comportamento expressivo por parte do cidadão normal e realista. Pode-se dizer que alguns dos efeitos da propaganda fascista são conseguidos por essa ação invasiva. Os agitadores fascistas são tomados a sério porque arriscam a se passar por tolos.

Pessoas educadas em geral têm dificuldade em compreender o // efeito dos discursos de Hitler, porque eles soavam por demais insinceros, não genuínos ou, como diz a palavra alemã, *verlogen*. É uma ideia enganosa, porém, que as assim chamadas pessoas comuns tenham uma propensão firme pelo que é genuíno e sincero, e desprezem o que é falso. Hitler foi aceito, não apesar de suas bizarrices baratas, mas precisamente por causa delas, de sua entoação falsa e suas palhaçadas. Tudo isso

145

foi observado como tal e apreciado. Verdadeiros artistas populares, como Girardi e seu *Fiakerlied*, estavam verdadeiramente em contato com suas audiências e sempre empregaram o que nos impacta como "notas falsas". Encontramos frequentemente manifestações semelhantes em bêbados que perderam suas inibições. A sentimentalidade das pessoas comuns não é de forma alguma uma emoção primitiva e irrefletida. Pelo contrário, constitui um fingimento, uma imitação fingida e barata de sentimentos reais, frequentemente autoconsciente e com certa autocomplacência. Este caráter fictício é o elemento vital das *performances* da propaganda fascista.

A situação criada por essa exibição pode ser chamada de *ritual*. O caráter fictício da oratória propagandista, o hiato entre a personalidade do locutor e o conteúdo e caráter de suas afirmações são atribuíveis ao papel cerimonial que ele assume e que dele se espera. Essa cerimônia, entretanto, é meramente uma revelação simbólica da identidade que ele verbaliza, uma identidade que os ouvintes sentem e pensam, mas não podem exprimir. Isso é de fato o que eles querem que ele faça, e não serem convencidos, nem essencialmente transportados em um frenesi, mas sim terem suas próprias mentes reveladas. A gratificação que eles obtêm da propaganda consiste muito provavelmente na demonstração dessa identidade, não importa o quão longe ela vá, pois é uma espécie de redenção institucionalizada do próprio caráter inarticulado dos ouvintes através da verbosidade do locutor. Este ato de revelação e o abandono temporário da seriedade responsável e autônoma são o critério decisivo do ritual propagandístico. Certamente podemos chamar este ato de identificação um fenômeno de regressão coletiva. Não se trata simplesmente de um retorno a emoções antigas e primitivas, mas sim a uma atitude ritualística na qual a expressão de emoções é sancionada por uma agência de controle social. Nesse contexto, é interessante notar que um dos mais bem-sucedidos e perigosos agitadores da Costa Oeste sempre encorajou seus ouvintes a se abandonarem a toda sorte de emoções, liberarem // seus sentimentos, gritarem e derramarem lágrimas, persistentemente atacando o padrão de comportamento do rígido autocontrole promovido pelas denominações religiosas estabelecidas e por toda a tradição puritana.

Esta perda de autocontrole, a fusão dos impulsos de um indivíduo com o esquema ritual, está estreitamente relacionada ao enfraquecimento psicológico universal do indivíduo autônomo.

Uma teoria abrangente da propaganda fascista equivaleria a uma decifração psicanalítica do ritual mais ou menos rígido realizado em cada um dos pronunciamentos fascistas. O escopo deste artigo permite apenas uma breve referência a algumas características deste ritual.

1. Existe, em primeiro lugar, a impressionante estereotipia de todo o material da propaganda fascista que conhecemos. Não somente cada locutor sempre repete incessantemente os mesmos padrões, mas diferentes locutores usam os mesmos clichês. Evidentemente, o mais importante é a dicotomia entre preto e branco, amigo e inimigo. A estereotipia se aplica não apenas à difamação dos judeus ou de ideias políticas, tal como a denúncia do comunismo ou do capital bancário, mas também a atitudes e assuntos aparentemente bastante remotos. Nós compilamos uma lista de dispositivos psicológicos típicos empregados por praticamente todos os agitadores

fascistas, que poderia ser condensada a não mais do que trinta fórmulas. Muitas delas já foram mencionadas, tal como o dispositivo do lobo solitário, a ideia de infatigabilidade, de inocência perseguida, do pequeno grande homem, o louvor do movimento como tal etc. Obviamente, a uniformidade desses dispositivos pode ser explicada em parte pela referência a uma fonte em comum, tal como o livro *Mein Kampf* [*Minha luta*], de Hitler, ou até mesmo por uma vinculação organizacional de todos os agitadores, como foi aparentemente o caso na Costa Oeste. Entretanto, a razão deve ser buscada em outro lugar se os agitadores, em diferentes partes do país, empregam as mesmas afirmações específicas, por exemplo, que sua vida foi ameaçada e seus ouvintes saberão quem é o responsável se a ameaça for cumprida – um incidente que nunca acontece. Estes modelos são padronizados por razões psicológicas. O possível seguidor fascista demanda esta repetição rígida, tal como o *jitterbug*[5] demanda o modelo padronizado de canções populares, e se enfurece se as regras do jogo não são estritamente observadas. // A aplicação mecânica desses modelos é um dos aspectos essenciais do ritual.

2. Não é acidental que se encontrem muitas pessoas com uma atitude religiosa falsa entre os agitadores fascistas. Isso, evidentemente, tem um aspecto sociológico, que será discutido mais tarde. Psicologicamente, entretanto, o que permanece da antiga religião, neutralizado e desprovido de qualquer conteúdo dogmático específico, é colocado a serviço da atitude ritualística fascista. Linguagem e formas religiosas são utili-

---

5 Entusiasta do jazz. (N. T.)

zadas para fornecer a impressão de um ritual sancionado, que é realizado constantemente por alguma "comunidade".

3. O conteúdo religioso e político específico é substituído por algo que pode ser resumidamente denominado o *culto do existente*. A atitude que Else Brunswik chamou de "identificação com o *status quo*" relaciona-se estreitamente a este culto. Os expedientes salientados no livro de McClung Lee sobre o padre Coughlin – tal como a ideia da *band wagon*[6] ou o truque do testemunho, implicando o apoio de pessoas famosas ou bem-sucedidas – são apenas elementos de um modelo de comportamento de alcance muito maior. Ele significa explicitamente que o que é e que logo tenha estabelecida sua força é também certo, é também o princípio consistente a ser seguido. Um dos agitadores da Costa Oeste, em algumas ocasiões, até mesmo direcionou seus ouvintes a seguir o conselho de seus líderes, sem especificar que tipo de líderes ele tinha em mente. Glorifica-se a liderança como tal, desprovida de qualquer ideia ou objetivo visíveis. Fetichizar a realidade e as relações de poder estabelecidas é o que tende, mais do que qualquer outra coisa, a induzir o indivíduo a abdicar de si mesmo e a entrar na suposta onda do futuro.

4. Uma das características intrínsecas do ritual fascista é a *insinuação*, que apenas algumas vezes é seguida pela revelação concreta dos fatos aludidos. Novamente, o motivo racional para essa tendência pode ser mostrado facilmente: tanto a lei quanto pelo menos as convenções em vigor proíbem afirmações abertas de caráter pró-nazista ou antissemita, e o orador

---

6 Expressão que denota a disposição de pessoas em aderir a uma ideia ou atitude pelo fato de que muitas já estão fazendo o mesmo. (N. T.)

que pretende veicular tais ideias precisa recorrer a métodos indiretos. Parece provável, entretanto, que a insinuação seja empregada e apreciada como uma gratificação *per se*. Por exemplo: o agitador diz "aquelas forças sombrias, e vocês sabem quem eu tenho mente", e a audiência compreende de uma vez que suas // observações são direcionadas contra os judeus. Os ouvintes são assim tratados como um *in-group* que já sabe tudo o que o orador deseja lhes contar e que concorda com ele antes de qualquer explicação. A concordância de sentimento e opinião entre locutor e ouvinte, acima mencionada, é estabelecida por insinuação, que serve como confirmação da identidade básica entre líder e seguidores. Obviamente, as implicações psicanalíticas da insinuação vão muito além dessas observações superficiais. Referimo-nos aqui ao papel atribuído por Freud às alusões na inter-relação entre o consciente e o inconsciente. A insinuação fascista alimenta-se desse papel.

5. A *performance* ritualística como tal funciona, em larga medida, como o conteúdo último da propaganda fascista. A psicanálise mostrou a vinculação do comportamento ritualístico à neurose obsessiva, e é óbvio que o típico ritual fascista de revelação é um substituto para a gratificação sexual. Além disso, entretanto, pode-se fazer alguma especulação a respeito do significado simbólico específico do ritual fascista. Não é exagero interpretá-lo como a oferta de um sacrifício. Se é correta a hipótese de que a esmagadora maioria de acusações e histórias de atrocidades que abundam nos discursos de propaganda fascista são projeções dos desejos dos oradores e seus seguidores, então todo o ato simbólico de revelação celebrado em cada discurso de propaganda exprime, por mais que se oculte, o assassinato sacramental do inimigo escolhido. No

cerne do ritual de propaganda fascista e antissemita reside o desejo por assassinato ritualístico. Isso pode ser corroborado por uma evidência fornecida pela psicopatologia cotidiana da propaganda fascista. O importante papel desempenhado pelo elemento religioso da propaganda fascista e antissemita nos Estados Unidos já foi mencionado. Um dos padres fascistas das rádios da Costa Oeste disse em uma transmissão:

> Vocês não conseguem ver que, a não ser que exaltemos a santidade de nosso Deus, a não ser que proclamemos a justiça de Deus neste nosso mundo, a não ser que proclamemos a existência de um paraíso e de um inferno, a não ser que proclamemos o fato de que sem a remissão, *sem derramamento de sangue*, não há remissão do pecado? Vocês não conseguem ver que somente Cristo e Deus dominam e que a revolução vai tomar esta nação de nós?

407 A transformação da doutrina cristã // em *slogans* de violência política não poderia ser mais crua do que nessa passagem. A ideia de um sacramento, o "derramamento de sangue" de Cristo, é direta e linearmente interpretada em termos de "derramamento de sangue" em geral, tendo em vista uma insurgência política. O derramamento real de sangue é defendido como necessário porque o mundo foi supostamente redimido pelo derramamento de sangue de Cristo. O assassinato é investido com um halo de sacramento. Assim, a derradeira lembrança do Cristo sacrificado, na propaganda fascista, é "*Judenblut muß fließen*".[7] A crucificação é transformada em um símbolo do

---

7 "*O sangue judeu deve jorrar*" – em alemão no original. (N. T.)

holocausto. Psicologicamente, toda a propaganda fascista é simplesmente um sistema de tais símbolos.

Neste ponto, deve-se prestar atenção à destrutividade como o fundamento psicológico do espírito fascista. Os programas são abstratos e vagos, as satisfações são espúrias e ilusórias, porque a promessa expressa pela oratória fascista nada mais é do que a própria destruição. Não é acidental que todos os agitadores fascistas insistam na iminência de catástrofes de alguma espécie. Enquanto advertem de perigos iminentes, eles e seus seguidores se excitam com a ideia da ruína inevitável, sem sequer diferenciar claramente entre a destruição de seus inimigos e de si mesmos. Este comportamento mental, aliás, pôde ser claramente observado durante os primeiros anos do hitlerianismo na Alemanha, e possui uma base arcaica profunda. Um dos demagogos da Costa Oeste disse certa vez: "Eu quero dizer para vocês, homens e mulheres, que vocês e eu estamos vivendo na mais terrível era da história mundial. Estamos vivendo, portanto, na era mais agraciada e maravilhosa". Este é o sonho do agitador: uma união do horrível e do maravilhoso, um delírio de aniquilação mascarado como salvação. A esperança mais forte de efetivamente contrariar todo este tipo de propaganda reside em ressaltar suas implicações autodestrutivas. O desejo psicológico inconsciente de autoaniquilação reproduz fielmente a estrutura de um movimento político que, em última instância, transforma seus seguidores em vítimas.

1946

Teoria freudiana e o padrão da propaganda fascista[1]

Durante a última década, a natureza e o conteúdo dos discursos e panfletos dos agitadores fascistas norte-americanos foram submetidos a uma intensa pesquisa por cientistas sociais. Alguns desses estudos, empreendidos segundo as linhas de análise de conteúdo, finalmente conduziram a uma apresentação abrangente no livro *Prophets of Deceit* [profetas do engano], de L. Löwenthal e N. Guterman.[2] O quadro geral obtido caracteriza-se por dois aspectos principais. Primeiro, com exceção de algumas recomendações bizarras e completamente negativas: colocar alienígenas em campos de concentração ou expatriar sionistas, o material de propaganda fascista nesse país preocupa-se pouco com questões políticas concretas e tangíveis. A esmagadora maioria dos pronunciamentos de todos os agitadores é direcionada *ad hominem*. Eles baseiam-se obviamente mais em cálculos

---

1 Este artigo é parte da contínua colaboração do autor com Max Horkheimer.
2 Harper Brothers, Nova York, 1949. Cf. também: Leo Löwenthal e Norbert Guterman, Portrait of the American Agitator, *Public Opinion Quart.*, outono de 1948, p.417 e ss.

psicológicos do que na intenção de angariar seguidores através da colocação racional de fins racionais. O termo "incitador da turba" [*rabble rouser*], embora questionável devido a seu inerente desprezo pelas massas como tais, é adequado na medida em que exprime a atmosfera de agressividade emocional e irracional propositalmente promovida por nossos pretensos Hitlers. Se é um descaramento chamar as pessoas de "turba" [*rabble*], é precisamente o objetivo do agitador transformar essas mesmas pessoas em "turba", isto é, multidões tendentes à ação violenta sem nenhum fim político sensato, e a criar a atmosfera do *pogrom*. O propósito universal desses agitadores é instigar metodicamente o que, desde o famoso livro de Gustave Le Bon, é comumente conhecido como "a psicologia das massas".

// Segundo, a abordagem dos agitadores é verdadeiramente sistemática e segue um padrão rigidamente estabelecido de "dispositivos" claramente delineados. Isso não pertence apenas à unidade fundamental do propósito político – a abolição da democracia através do apoio das massas contra o princípio democrático –, mas ainda mais à natureza intrínseca do conteúdo e apresentação da própria propaganda. É tão grande a similaridade dos pronunciamentos de vários agitadores, desde figuras notoriamente públicas como Coughlin e Gerald Smith até pequenos incitadores de ódio provincianos, que é suficiente, em princípio, analisar as afirmações de apenas um deles para conhecer a todos.[3] Além disso, os próprios discursos são tão

---

3 Isso requer alguma qualificação. Há certa diferença entre aqueles que, especulando correta ou incorretamente sobre um apoio econômico de larga escala, tentam manter um ar de respeitabilidade e negam ser antissemitas antes de descer ao negócio de perseguir judeus, e os nazistas explícitos que querem agir por conta própria, ou pelo menos

monótonos que encontramos infinitas repetições tão logo nos familiarizamos com o número bastante limitado de dispositivos em estoque. De fato, a constante reiteração e escassez de ideias são ingredientes indispensáveis de toda a técnica. Enquanto a rigidez mecânica do padrão é óbvia e é ela mesma a expressão de certos aspectos psicológicos da mentalidade fascista, não se pode evitar o sentimento de que o material de propaganda de tipo fascista forma uma unidade estrutural com uma concepção comum total, seja ela inconsciente ou consciente, que determina cada palavra dita. Esta unidade estrutural parece se referir à concepção política implícita, // bem como à essência psicológica. Até agora, somente a natureza destacada e de certa forma isolada de cada dispositivo recebeu atenção científica; as conotações psicanalíticas dos dispositivos foram enfatizadas e elaboradas. Agora que os elementos

---

fingem fazê-lo e se permitem a linguagem mais violenta e obscena. Além disso, pode-se distinguir entre agitadores que fazem o papel de cristãos conservadores antiquados e simples, e que podem facilmente ser reconhecidos por sua hostilidade contra a "esmola" e aqueles que, seguindo uma versão moderna mais dinâmica, apelam na maioria das vezes à juventude e algumas vezes fingem ser revolucionários. Entretanto, tais diferenças não devem ser sobrestimadas. A estrutura básica de seus discursos, bem como seu estoque de dispositivos, é idêntica, a despeito de diferenças cuidadosamente promovidas nos subentendidos. É necessário considerar mais uma divisão de trabalho do que genuínas diferenças. Pode-se notar que o Partido Nacional-Socialista manteve astuciosamente diferenciações semelhantes, mas elas jamais resultaram em alguma coisa, nem conduziram a nenhum choque sério de ideias políticas dentro do Partido. A crença de que as vítimas de 30 de junho de 1934 eram revolucionários é mitológica. A purgação de sangue foi uma questão de rivalidade entre vários *rackets*, e não se baseou em conflitos sociais.

foram suficientemente esclarecidos, chegou a hora de focalizar a atenção no sistema psicológico como tal – e pode não ser totalmente acidental que o termo invoque a associação com a paranoia – que abrange e gera tais elementos. Isso parece ser o mais apropriado, uma vez que, caso contrário, a interpretação psicanalítica dos dispositivos individuais permanecerá de certa forma fortuita e arbitrária. Será necessário desenvolver um tipo de quadro teórico de referência. Na medida em que os dispositivos individuais demandam quase irresistivelmente interpretação psicanalítica, não é senão lógico postular que este quadro de referência deve consistir na aplicação de uma teoria psicanalítica mais abrangente, básica, à abordagem geral do agitador.

Um quadro de referência como esse foi fornecido pelo próprio Freud em seu livro *Psicologia de grupo e análise do eu*, publicado em inglês em 1922 e muito antes de o perigo do fascismo alemão se mostrar crítico.[4] Não é exagero se dissermos que Freud, apesar de seu pouco interesse pela dimensão política do problema, claramente antecipou o surgimento e a natureza

---

4 O título em alemão, sob o qual o livro foi publicado em 1921, é *Massenpsychologie und Ich-Analyse*. O tradutor, James Strachey, corretamente enfatiza que o termo "grupo" aqui significa o equivalente de "foule" de Le Bon e o termo alemão "Masse". Pode-se acrescentar que nesse livro o termo "eu" não denota a instância psicológica específica tal como descrita nos textos posteriores de Freud, em contraste com o isso e o supereu; ele significa simplesmente o indivíduo. É uma das mais importantes implicações da *psicologia de grupo* de Freud não ter reconhecido uma "mentalidade da massa" independente e hipostasiada, mas sim reduzir os fenômenos observados e descritos por autores como Le Bon e McDougall a regressões que se realizam em cada um dos indivíduos que formam uma multidão e caem sob seu sortilégio.

dos movimentos de massa fascistas em categorias puramente psicológicas. Se é verdade que o inconsciente do analista apreende o inconsciente do analisando, pode-se presumir que suas intuições teóricas são capazes de antecipar tendências ainda latentes no nível racional, mas manifestando-se em um nível mais profundo. Talvez não seja por acaso que após a Primeira Guerra Mundial Freud dirigiu // sua atenção aos problemas do narcisismo e do eu em sentido estrito. Os mecanismos e conflitos pulsionais envolvidos em tais problemas evidentemente desempenham um papel cada vez mais importante na época atual, enquanto, de acordo com o testemunho de analistas profissionais, as neuroses "clássicas", tal como a histeria de conversão, que serviram de modelos para o método, agora ocorrem menos frequentemente do que no tempo do próprio desenvolvimento de Freud, quando Charcot tratou a histeria clinicamente e Ibsen a tomou como tema de algumas de suas peças. De acordo com Freud, o problema da psicologia de massas está intimamente relacionado ao novo tipo de sofrimento psicológico, bastante característico da que era que, por razões socioeconômicas, testemunha o declínio do indivíduo e seu consequente enfraquecimento. Enquanto o próprio Freud não se preocupou com as mudanças sociais, pode-se dizer que ele desenvolveu, no interior do confinamento monadológico do indivíduo, os traços de sua crise profunda e sua disposição para ceder inquestionavelmente às poderosas instâncias coletivas externas. Sem jamais se devotar ao estudo de desenvolvimentos sociais contemporâneos, Freud indicou tendências históricas através do desenvolvimento de seu próprio trabalho, da escolha de seus temas e da evolução dos conceitos-guia.

O método do livro de Freud constitui uma interpretação dinâmica da descrição de Le Bon sobre a mentalidade de massa e uma crítica de alguns poucos conceitos dogmáticos – palavras mágicas, por assim dizer – que são empregados por Le Bon e outros psicólogos pré-analíticos como se fossem chaves para alguns fenômenos surpreendentes. Em primeiro lugar, entre estes conceitos está o de sugestão, que, aliás, ainda desempenha um importante papel como um instrumento auxiliar na explicação popular sobre o encantamento exercido por Hitler e seus semelhantes sobre as massas. Freud não questiona a precisão das bem conhecidas caracterizações de Le Bon sobre as massas como sendo altamente desindividualizadas, irracionais, facilmente influenciadas, dispostas à ação violenta e de natureza regressiva em geral. O que o distingue de Le Bon é, antes, a ausência do tradicional desprezo pelas massas, que é o *thema probandum* da maioria dos psicólogos mais antigos. Em vez de inferir, a partir das descobertas descritivas usuais, que as massas são inferiores *per se* e tendem a permanecer assim, ele questiona, com o verdadeiro espírito do esclarecimento: o que faz as massas serem massas? Ele rejeita a hipótese fácil de um instinto social ou gregário, que para Freud // denota o problema e não sua solução. Além das razões puramente psicológicas que ele fornece para sua rejeição, pode-se dizer que Freud está em um solo seguro também do ponto de vista sociológico. A comparação direta das formações de massa modernas com fenômenos biológicos dificilmente pode ser considerada válida, uma vez que os membros das massas contemporâneas são, pelo menos *prima facie*, indivíduos, os filhos de uma sociedade liberal, competitiva e individualista, e condicionados a se manterem como unidades independentes e autossustentadas; eles são continuamente advertidos para serem "robustos" e prevenidos contra a rendição. Mesmo se fosse necessário assumir que sobrevivem pulsões arcaicas e pré-individuais, não se poderia simplesmente apontar para essa herança, mas se deveria explicar por que os seres humanos modernos retornam a padrões de comportamento que contradizem flagrantemente seu próprio nível racional e o presente estágio da civilização tecnológica esclarecida. É precisamente isso o que Freud quer fazer. Ele tenta encontrar as forças psicológicas que resultam na transformação dos indivíduos em massa. "Se os indivíduos no grupo se combinam em uma unidade, certamente deve haver algo que os une, e este vínculo poderia ser precisamente o que é característico de um grupo" (MPIA 77).[5] Esse questionamento, entretanto, equivale a uma exposição do problema fundamental da manipulação fascista, pois o demagogo fascista, que precisa angariar o apoio de milhões de pessoas para objetivos altamente incompatíveis com seu próprio autointeresse racional, somente pode fazê-lo ao criar artificialmente o *vínculo* que Freud está procurando. Se o método do demagogo é de fato realista – e seu sucesso popular não deixa dúvidas de que é –, poderíamos supor que o vínculo em questão é exatamente o mesmo que o demagogo tenta produzir sinteticamente; na realidade, que ele é o princípio unificador por detrás de seus vários dispositivos.

---

5 O texto de Freud *Psicologia de grupo e análise do eu* será citado e referido por Adorno ao longo de todo o artigo, empregando a tradução em inglês de James Strachey, *Group Psychology and the Analysis of the Ego*, Londres: 1992. Em nossa versão, optamos por trabalhar diretamente com o texto original de Freud, *Massenpsychologie und Ich-Analyse* (referido como MPIA), indicando a paginação de acordo com a edição das *Gesammelte Werke* de Freud, pela Fischer Verlag, 1999. (N. T.)

Em acordo com a teoria psicanalítica geral, Freud crê que o vínculo que integra os indivíduos em uma massa tem uma natureza *libidinal*. Psicólogos anteriores ocasionalmente tocaram nesse aspecto da psicologia de massas.

> Pode-se dizer, segundo McDougall, que os afetos humanos são incitados em um grupo a tal nível que dificilmente seria alcançado em outras circunstâncias, e na verdade é uma sensação extremamente prazerosa // para os indivíduos abandonarem-se de forma tão irrestrita às suas paixões e, assim, serem absorvidos no grupo, perdendo o sentimento de sua limitação individual. (MPIA, p.91.)

Freud vai além de tais observações ao explicar a coerência das massas em geral em termos do princípio de prazer, ou seja, das gratificações reais ou vicárias obtidas pelos indivíduos ao se renderem a uma massa. Hitler, aliás, estava bem consciente da fonte libidinal da formação de massa por rendição quando atribuiu características especificamente femininas, passivas, aos participantes de seus encontros, e assim também apontou para o papel da homossexualidade inconsciente na psicologia de massa.[6] A consequência mais importante da introdução por

---

6 O livro de Freud não chega até essa fase do problema, mas uma passagem no Adendo indica que ele estava bastante consciente dele. "Da mesma forma, o amor pelas mulheres rompe vínculos grupais da raça, do isolamento nacional e da ordem social de classe, produzindo, assim, importantes realizações culturais. Parece certo que o amor homossexual compatibiliza-se muito melhor com os vínculos de grupo, mesmo quando aparece como uma força sexual não inibida." (MPIA, p.159). Isso foi certamente confirmado no fascismo alemão, onde a fronteira entre homossexualidade aberta e recalcada, tal como aquela entre sadismo aberto e recalcado, foi muito mais fluente do que na sociedade liberal de classe média.

Freud da libido na psicologia de grupo é que os traços geralmente atribuídos às massas perdem seu caráter ilusoriamente primordial e irredutível, refletido pela construção arbitrária de instintos de massa ou de grupos específicos. Estes são mais efeitos do que causas. O que é peculiar às massas, de acordo com Freud, não é tanto uma qualidade nova, mas sim a manifestação de antigas, usualmente ocultas. "De nosso ponto de vista, precisamos dar pouco valor ao aparecimento de novas qualidades. É suficiente dizer que o indivíduo entra no grupo sob condições que lhe permitem anular os recalques de suas moções pulsionais inconscientes" (MPIA, p.79). Isso não apenas dispensa hipóteses auxiliares *ad hoc*, mas também faz justiça ao simples fato de que aqueles que submergem nas massas não são seres humanos primitivos, mas apresentam atitudes primitivas contraditórias a seu comportamento racional *normal*. Entretanto, mesmo as mais triviais descrições não deixam dúvidas quanto à afinidade entre certas // peculiaridades das massas e traços arcaicos. Menção particular deveria ser feita aqui ao potencial atalho de emoções violentas a ações violentas enfatizado por todos os autores de psicologia de massas, um fenômeno que, nos escritos de Freud sobre cultura primitiva, conduz à hipótese de que o assassinato do pai da horda primitiva não é imaginário, mas corresponde a uma realidade pré-histórica. Em termos de teoria dinâmica, o renascimento desses traços precisa ser compreendido como o resultado de um *conflito*. Isso pode ajudar também a explicar algumas das manifestações da mentalidade fascista que dificilmente poderiam ser assimiladas sem a hipótese de um antagonismo entre diversas forças psicológicas. Deve-se pensar aqui, em primeiro lugar, na categoria psicológica de destrutividade, abordada por Freud em seu

O mal-estar na civilização. Como uma rebelião contra a civilização, o fascismo não é simplesmente a reocorrência do arcaico, mas sua reprodução na e pela própria civilização. É pouco adequado definir as forças da rebelião fascista simplesmente como poderosas energias do isso que escapam da pressão da ordem social existente. Em vez disso, essa rebelião toma de empréstimo suas energias parcialmente de outras instâncias psicológicas que são pressionadas a serviço do inconsciente.

Uma vez que o vínculo libidinal entre membros das massas obviamente não é de natureza sexual não inibida, surge o problema de quais mecanismos psicológicos transformam a energia sexual primária em sentimentos que mantêm as massas coesas. Freud lida com o problema analisando os fenômenos cobertos pelos termos "sugestão" e "sugestionabilidade". Ele reconhece a sugestão como o "abrigo" ou "véu" que oculta "relações amorosas". É essencial que a "relação amorosa" por trás da sugestão permaneça inconsciente.[7] Freud insiste no fato de que em grupos organizados, tais como o exército ou a igreja, não há menção ao amor de qualquer tipo entre os membros, ou é expresso somente de forma sublimada e indireta, através da mediação de algumas imagens religiosas em cujo amor os membros se unem e cujo amor universal se supõe que eles imitem em sua atitude recíproca. Parece significativo que na sociedade de hoje, com // suas massas fascistas integradas artificialmente, exclui-se quase completamente referência

---

7 "[...] relações amorosas [...] também constituem a essência do psiquismo de grupo. Lembremo-nos de que os autores não as mencionam" (MPIA, p.100).

ao amor.[8] Hitler recusou o papel tradicional do pai amoroso e o substituiu integralmente pelo negativo da autoridade ameaçadora. O conceito de amor foi transferido para a noção abstrata de *Alemanha* e raramente mencionado sem o epíteto de "fanático", através do qual até mesmo este amor obteve um círculo de hostilidade e agressividade contra aqueles que estão fora dele. Um dos princípios básicos da liderança fascista é manter a energia libidinal primária em um nível inconsciente, de modo a desviar suas manifestações de uma forma adequada a fins políticos. Quanto menos uma ideia objetiva, tal como a salvação religiosa, desempenha um papel na formação de massas, e quanto mais a manipulação de massas se torna o único fim, tanto mais o amor completamente não inibido precisa ser recalcado e transformado em obediência. Há muito pouco no conteúdo da ideologia fascista que *poderia* ser amado.

O padrão libidinal do fascismo e toda a técnica dos demagogos fascistas são autoritários. É aqui que as técnicas do demagogo e do hipnotizador coincidem com o mecanismo psicológico através do qual os indivíduos são levados a se submeter às regressões que os reduzem a meros membros de um grupo.

---

8 Talvez uma das razões para este impressionante fenômeno é o fato de que as massas que o agitador fascista tem que encarar – antes de alcançar o poder – não são, primariamente, as organizadas, mas as multidões ocasionais da grande cidade. O caráter fracamente unificado de tais multidões heterogêneas torna imperativo que disciplina e coerência sejam enfatizadas à custa da demanda centrífuga e não canalizada de amar. Parte da tarefa do agitador consiste em fazer a multidão acreditar que ela é organizada como o exército e a igreja. Por isso a tendência para a superorganização. Faz-se um fetiche da organização como tal; ela se torna um fim em vez de um meio, e essa tendência prevalece do início ao fim nos discursos do agitador.

Através das medidas que toma, o hipnotizador desperta no sujeito uma parte de sua herança arcaica, que também foi submissa aos pais e que experimentou uma revivência individual em relação ao pai. Foi desperta a representação de uma personalidade onipotente e perigosa, contra a qual o sujeito pôde se colocar apenas de forma passivamente masoquista, na qual ele precisou perder sua própria vontade, e com a qual pareceu uma ousadia duvidosa ficar a sós, "aparecer sob seu olhar". Somente assim podemos imaginar a relação de um indivíduo da horda primitiva ao pai. [...] O caráter estranho e compulsivo da formação dos grupos que se mostra em suas manifestações de sugestão // pode, portanto, com razão, ser referido à sua origem a partir da horda primitiva. O líder do grupo é ainda sempre o pai primitivo temido; o grupo será sempre dominado por uma violência ilimitada, demandando a autoridade em alto grau, e tendo, segundo a expressão de Le Bon, sede por submissão. O pai primitivo é o ideal do grupo, que domina o eu em lugar do ideal do eu. A hipnose pode ser descrita, com razão, como um grupo a dois; para a sugestão, resta a definição de um convencimento que não se fundamenta em percepção e trabalho intelectual, mas sim em um vínculo erótico. (MPIA, p.142-3.)[9]

---

9 Essa afirmação-chave da teoria de Freud sobre a psicologia de grupo explica, de forma incidental, uma das mais decisivas observações sobre a personalidade fascista: a externalização do supereu. O termo "ideal do eu" é a expressão inicial de Freud para o que ele denominou posteriormente supereu. Sua substituição por um "eu do grupo" é exatamente o que ocorre às personalidades fascistas. Elas fracassam em desenvolver uma consciência autônoma independente e a substituem por uma identificação com a autoridade coletiva que é tão irracional quanto Freud a descreveu: heterônoma, rigidamente opressiva, altamente alienada em relação ao pensamento do próprio indivíduo e, portanto, facilmente substituível, a despeito de sua rigidez estrutural.

Isso na verdade define a natureza e o conteúdo da propaganda fascista. Ela é psicológica por causa de seus objetivos irracionais e autoritários, que não podem ser alcançados por meio de convicções racionais, mas somente através do despertar habilidoso de "uma parte da herança arcaica do sujeito". A agitação fascista está centrada na ideia do líder, não importando se ele realmente lidera ou é apenas mandatário de interesses de grupos, porque somente a imagem psicológica do líder é apta a reanimar a ideia do pai primitivo onipotente e ameaçador. Essa é a raiz última da, de outro modo enigmática, *personalização* da propaganda fascista, sua incessante reiteração de nomes e de supostos grandes homens, em vez da // discussão de causas objetivas. A formação do imaginário de uma figura paterna onipotente e não controlada, transcendendo em muito o pai individual e, assim, apta a ser engrandecida em um "eu do grupo", é a única via para promulgar a "atitude passivamente masoquista [...] a que alguém deverá se render", uma atitude

---

O fenômeno é adequadamente expresso na fórmula nazista: o que serve ao povo alemão é bom. Este padrão reaparece nos discursos dos demagogos fascistas norte-americanos, que nunca apelam à consciência de seus possíveis seguidores, pois na verdade incessantemente invocam valores externos, convencionais e estereotipados, que são tomados como garantidos e tratados como obrigatoriamente válidos, sem sequer se sujeitarem ao processo de experiência viva ou exame discursivo. Tal como indicado em detalhe no livro *A personalidade autoritária*, de T. W. Adorno, Else Frenkel-Brunswik, Daniel J. Levinson e R. Nevitt Sanford (Nova York: Harper Brothers, 1950), pessoas preconceituosas geralmente apresentam uma crença nos valores convencionais, em vez de tomar decisões morais por si mesmas e admitem como certo "o que está sendo feito". Através de identificação, elas também tendem a se submeter a um eu do grupo, à custa de seu próprio ideal do eu, que virtualmente se funde a valores externos.

tanto mais requerida do seguidor fascista quanto mais seu comportamento político se torna irreconciliável com seus próprios interesses racionais como pessoa privada, bem como com aqueles do grupo ou classe à qual ele atualmente pertence.[10] A irracionalidade redespertada do seguidor é, assim, bastante racional do ponto de vista do líder: ela necessariamente tem que ser "uma convicção não baseada em percepção e raciocínio, mas em um vínculo erótico".

O mecanismo que transforma a libido no vínculo entre líder e seguidores, e entre os próprios seguidores, é o da *identificação*. Uma grande parte do livro de Freud está devotada à sua análise (cf. MPIA, p.115 e ss.). É impossível discutir a diferenciação teórica bastante sutil, particularmente entre identificação e introjeção. Deve-se notar, entretanto, que o último Ernst Sim-

---

10 O fato do masoquismo do seguidor fascista estar inevitavelmente acompanhado de impulsos sádicos harmoniza-se com a teoria geral de Freud da ambivalência, originalmente desenvolvida em conexão com o complexo de Édipo. Uma vez que a integração fascista dos indivíduos nas massas os satisfaz somente de forma vicária, seu ressentimento contra as frustrações da civilização sobrevive, mas é canalizado para se tornar compatível com os objetivos do líder; funde-se psicologicamente com a submissão autoritária. Embora Freud não coloque o problema do que foi chamado posteriormente de "sadomasoquismo", ele estava, entretanto, bem consciente dele, como é evidenciado por sua aceitação da ideia de Le Bon de que "uma vez que o grupo não duvida do que é verdadeiro ou falso e ainda tem consciência de sua grande força, ele é tão intolerante quanto obediente à autoridade. Ele respeita a força e se deixa influenciar apenas de forma moderada pelas bondades, que lhe significam apenas uma espécie de fraqueza. O que exige de seus heróis é força, ou mesmo exercício da violência. Ele quer ser dominado e oprimido, e sentir medo de seus senhores" (MPIA, p.83).

mel, a quem devemos valiosas contribuições à psicologia do fascismo, tomou o conceito de Freud da natureza ambivalente da identificação como um derivado da fase oral de organização da libido (cf. MPIA, p.116) e o expandiu em uma teoria analítica do antissemitismo.

// Vamos nos contentar com algumas observações sobre a relevância da doutrina da identificação para a propaganda e mentalidade fascistas. Foi observado por vários autores, e por Erik Homburger Erikson em particular, que o típico líder especificamente fascista não parece ser uma figura paterna como, por exemplo, o rei de épocas anteriores. A inconsistência dessa observação perante a teoria de Freud sobre o líder como pai primitivo, entretanto, é apenas superficial. Sua discussão sobre a identificação pode nos ajudar a entender, em termos da dinâmica subjetiva, certas mudanças que são, na verdade, devidas às condições históricas objetivas. A identificação é "a expressão mais *antiga* de um vínculo afetivo a outra pessoa", desempenhando "um papel na pré-história do complexo de Édipo" (MPIA, p.115). É bem possível que este componente pré-edipiano de identificação auxilie na separação da imagem do líder, como do pai primitivo todo-poderoso, da imagem paterna atual. Uma vez que a identificação da criança com seu pai como uma resposta ao complexo de Édipo é um fenômeno apenas secundário, a regressão infantil pode ir além dessa imagem paterna e, através de um processo "anaclítico",[11] alcançar outra

---

11 Aqui Adorno usa a alternativa do tradutor inglês, "anaclitic", para a palavra *Anlehnung*, a qual, em conjunção com outras, como relativas a "processos" e "tipo", pode ser traduzida de forma mais direta como "por apoio" (tal como sugerem Jean Laplanche e Jean-Baptiste Pontalis em seu *Vocabulário da psicanálise*). A ideia fundamental de Freud é

mais arcaica. Além disso, o aspecto primitivamente narcísico da identificação com o ato de *devorar*, de tornar o objeto amado uma parte de si mesmo, pode nos fornecer uma pista para o fato da imagem moderna de líder algumas vezes parecer ser o engrandecimento da personalidade do próprio sujeito, uma projeção coletiva de si mesmo, em vez da imagem do pai, cujo papel durante as últimas fases da infância do sujeito pode muito bem ter declinado na sociedade atual.[12] Todos esses aspectos demandam maior clarificação.

O papel essencial do narcisismo em relação às identificações em jogo na formação de grupos fascistas é reconhecido na teoria de Freud sobre a *idealização*.

> Vemos que o objeto é tratado como o próprio eu, de modo que, no apaixonamento, uma grande quantidade de libido narcísica flui para o objeto. É até mesmo evidente que em muitas formas de escolha amorosa o objeto sirva para substituir nosso próprio // ideal do eu não alcançado. Amamos em virtude das perfeições

---

que a sexualidade e todo o complexo afetivo a ela relacionado surgem ao se apoiar (*sich anlehnen*) nas funções de autopreservação (que inclui a relação com a mãe): "As pulsões sexuais são mais difíceis de educar, pois elas não conhecem a necessidade do objeto desde o início. Uma vez que elas se apoiam (*sich anlehnen*) de forma, por assim dizer, parasitária em outras funções corporais e se satisfazem de forma autoerótica, são, inicialmente, subtraídas à influência educativa da necessidade real [...]" (Sigmund Freud, *Vorlesungen zur Einführung in die Psychoanalyse* [*Conferências introdutórias à psicanálise*]. Frankfurt am Main: Fischer Verlag, 1999, p.369 (Conferência XXII). (N. T.)

12 Cf. Max Horkheimer, Authoritarianism and the Family Today, The Family: Its Function and Destiny, coordenado por R. N. Anshen, Nova York: Harper Brothers, 1949.

pelas quais nos esforçamos em vista de nosso próprio eu, e que gostaríamos de obter, através desse desvio, para satisfação de nosso narcisismo. (MPIA, p.124.)

É precisamente essa idealização de si mesmo que o líder fascista tenta promover em seus seguidores, e que é auxiliada pela ideologia do *Führer*. As pessoas com quem ele tem de contar padecem geralmente do conflito moderno característico entre uma instância[13] do eu racional, fortemente desenvolvida e autoconservadora, e o contínuo fracasso em satisfazer as demandas de seu próprio eu. Este conflito resulta em impulsos narcísicos fortes, que podem ser absorvidos e satisfeitos apenas através de idealização, como a transferência parcial da libido narcísica ao objeto. Isso, mais uma vez, corresponde à semelhança da imagem do líder com um engrandecimento do sujeito: ao fazer do líder seu ideal, ele ama a si mesmo, por assim dizer, mas se livra das manchas de frustração e mal-estar que desfiguram a imagem de seu próprio eu empírico. Este padrão de identificação através de idealização, caricatura da solidariedade verdadeira e consciente, é, entretanto, coletiva. Ele é efetivo em grande quantidade de pessoas com disposições caracterológicas e tendências libidinais semelhantes. A *comunidade do povo* fascista corresponde exatamente à definição por Freud de um grupo como sendo "um número de indivíduos que colocaram um e o

---

13 A tradução [em inglês] do livro de Freud verte seu termo "Instanz" por "faculty", uma palavra que, entretanto, não mantém a conotação hierárquica do original alemão. "Agency" parece ser mais apropriado. [Nas traduções em português este problema não aparece, pois a referida palavra alemã é normalmente traduzida de forma adequada por "instância" (N. T.).]

mesmo objeto no lugar de seu ideal do eu e, consequentemente, se identificaram reciprocamente em seu eu" (MPIA, p.128). A imagem do líder, por sua vez, toma de empréstimo, por assim dizer, da força coletiva sua onipotência primitiva paterna.

A construção psicológica, por Freud, do imaginário do líder é corroborada por sua impressionante coincidência com o tipo do líder fascista, pelo menos na medida em que concerne à sua figuração [*build-up*] pública. Suas descrições são adequadas à figura de Hitler não menos que às idealizações a que os demagogos norte-americanos tentam se moldar. A fim de permitir identificação narcísica, o próprio líder deve parecer absolutamente narcisista, e é a partir dessa perspectiva que // Freud deriva o retrato do "pai primitivo da horda", que também poderia ser o de Hitler.

> No início da história da humanidade, ele era o *super-homem*,[14] que Nietzsche somente esperava do futuro. Ainda hoje os indivíduos de massas necessitam da ilusão de serem amados pelo líder de forma igual e justa, mas o próprio líder não precisa amar a ninguém mais, precisa ser de natureza dominadora, absolutamente narcísico, mas seguro de si e autônomo. Sabemos que o amor restringe o narcisismo, e poderíamos demonstrar como ele se tornou um fator civilizatório através desse efeito (MPIA, p.138).

---

14 Pode não ser supérfluo enfatizar que o conceito de Nietzsche de além do homem tem tão pouco em comum com este imaginário arcaico quanto sua visão do futuro tem com o fascismo. A alusão de Freud é obviamente válida somente para o "super-homem" tal como se tornou popularizado em *slogans* baratos.

Uma das características mais conspícuas dos discursos dos agitadores, a saber, a ausência de um programa positivo e de qualquer coisa que eles pudessem "dar", como também a paradoxal prevalência de ameaça e recusa, são assim explicadas: o líder somente pode ser amado se ele mesmo não amar. Por outro lado, Freud está consciente de outro aspecto da imagem do líder que aparentemente contradiz o primeiro. Embora apareça como super-homem, o líder precisa, ao mesmo tempo, operar o milagre de aparecer como uma pessoa mediana, tal como Hitler posava como uma união de King Kong e barbeiro suburbano. Isso também é explicado por Freud através de sua teoria do narcisismo. De acordo com ele,

> o indivíduo abdica de seu ideal do eu e o substitui pelo ideal de massa incorporado no líder. [...] A separação entre o eu e o ideal do eu em muitos indivíduos não progrediu muito; ambos coincidem facilmente; o eu conserva frequentemente a autossatisfação narcísica anterior. A escolha do líder fica bastante facilitada por essa condição. Muitas vezes ele precisa somente possuir as típicas propriedades desses indivíduos em uma caracterização mais incisiva e pura, e fornecer a impressão de maior força de liberdade libidinal; assim lhe convém a demanda por um comandante forte, revestindo-o com a supremacia à qual, em outras circunstâncias, não se arrogaria. Os outros, cujo ideal do eu não se incorporaria de outra forma na pessoa do líder sem alguma correção, são aliciados "sugestivamente", ou seja, através de identificação (MPIA, p.145).

421 // Assim, até mesmo os impressionantes sintomas de inferioridade do líder, suas semelhanças com atores canastrões e psicopatas associais são antecipados na teoria de Freud. Em

prol daquelas partes da libido narcísica do seguidor que não foram investidas na imagem do líder, pois permanecem ligadas ao eu do próprio seguidor, o super-homem precisa ainda refletir o seguidor e aparecer como sua "ampliação". Consequentemente, um dos dispositivos básicos da propaganda fascista personalizada é o conceito do "pequeno grande homem", uma pessoa que sugere tanto onipotência quanto a ideia de que é apenas mais um do povo, um norte-americano pleno e viril, não maculado por riqueza material ou espiritual. A ambivalência psicológica auxilia a operar o milagre social. A imagem do líder satisfaz o duplo desejo do seguidor em se submeter à autoridade e ser ele mesmo a autoridade. Isso convém a um mundo em que o controle irracional é exercido ainda que tenha perdido sua evidência interna devido ao esclarecimento universal. As pessoas que obedecem aos ditadores também percebem que estes são supérfluos. Elas reconciliam essa contradição ao assumirem que elas mesmas são o opressor brutal.

Todos os estratagemas dos agitadores são projetados em consonância à exposição de Freud sobre o que seria mais tarde a estrutura básica da demagogia fascista, a saber, a técnica de personalização[15] e a ideia do pequeno grande homem. Vamos nos limitar a poucos exemplos colhidos aleatoriamente.

---

15 Para maiores detalhes sobre a personalização, cf. MPIA, p.84-5, nota, onde Freud discute a relação entre ideias e personalidades de líder; e p.109-10, onde ele define como "líderes secundários" aquelas ideias essencialmente irracionais que mantêm os grupos unidos. Em uma civilização tecnológica, não é possível uma transferência *imediata* ao líder, desconhecido e distante como é na realidade. O que ocorre é, antes, uma repersonalização regressiva de poderes sociais destacados, impessoais. Essa possibilidade foi claramente visada por Freud: "Uma tendência em comum, um desejo no qual muitas pessoas podem tomar

Freud fornece uma explicação exaustiva do elemento hierárquico nos grupos irracionais. "É evidente que o soldado toma seu superior, portanto propriamente o líder do exército, como seu ideal, enquanto se identifica com seus semelhantes e deduz dessa comunidade de eus as obrigações da coletividade para a realização de ajudas recíprocas e de compartilhamento de // bens, mas ele se torna ridículo se quiser identificar-se com o general" (MPIA, p.150), ou seja, consciente e diretamente. Os fascistas, até o último e menor dos demagogos, enfatizam continuamente cerimônias ritualísticas e diferenciações hierárquicas. Quanto menos se legitima a hierarquia na constituição de uma sociedade industrial altamente racionalizada e quantificada, tanto mais hierarquias artificiais sem nenhuma *raison d'être* [razão de ser] objetiva são construídas e impostas rigidamente pelos fascistas por razões puramente psicotécnicas. Pode-se acrescentar, entretanto, que esta não é a única fonte libidinal envolvida. Assim, estruturas hierárquicas se coadunam com desejos de caráter sadomasoquista. A famosa fórmula de Hitler, *Verantwortung nach oben, Autorität nach unten* ["responsabilidade para com os de cima, autoridade para com os de baixo"] racionaliza muito bem esta ambivalência do caráter.[16]

A tendência de pisar nos de baixo, que se manifesta de forma tão clara na perseguição das minorias fracas e desamparadas, é tão franca quanto o ódio contra quem está de fora.

---

parte, pode servir como um substituto. Essa abstração poderia, mais uma vez, ser incorporada mais ou menos completamente na pessoa de um líder, por assim, dizer secundário".

16 O folclore alemão tem um símbolo drástico para esse traço. Ele fala de *Radfahrernaturen*, os que possuem o caráter de ciclistas. Acima eles se curvam, abaixo eles chutam.

Na prática, ambas as tendências muito frequentemente estão juntas. A teoria de Freud lança luz na distinção disseminada e rígida entre o *in-group* amado e o *out-group* rejeitado. Em toda nossa cultura esta forma de pensar e de se comportar passou a ser tomada como autoevidente em tal grau que a questão de por que as pessoas amam quem é como elas e odeiam quem é diferente muito raramente é questionada de forma séria o suficiente. Aqui, como em vários outros casos, a produtividade da perspectiva de Freud reside em questionar o que é geralmente aceito. Le Bon havia notado que a multidão irracional "vai diretamente aos extremos" (MPIA, p.83). Freud expande essa observação e salienta que a dicotomia entre *in-group* e *out-group* é de uma natureza tão profundamente enraizada que afeta até mesmo aqueles grupos cujas "ideias" aparentemente excluem tais reações. Já em 1921 ele foi, portanto, capaz de dispensar a ilusão liberal de que o progresso da civilização iria produzir automaticamente // um aumento de tolerância e uma diminuição de violência contra os *out-groups*.

> Até mesmo durante o reino de Cristo aqueles indivíduos que não pertencem à comunidade de fé, que não o amam e não são amados por ele, permanecem fora desse vínculo; por isso, uma religião, mesmo quando se chama a religião do amor, necessariamente será dura e desamorosa contra aqueles que não pertencem a ela. Fundamentalmente, toda religião é uma religião do amor para todos que estão nela e todas estão propensas a crueldade e intolerância contra os que não pertencem a ela. Por mais que nos seja pessoalmente difícil, não devemos condenar os crentes de forma por demais severa; os incrédulos e indiferentes têm muito mais facilidade em termos psicológicos nesse ponto. Se essa

intolerância se manifesta hoje de forma não tão violenta e cruel quanto em séculos anteriores, dificilmente se poderá deduzir daí um abrandamento nos costumes dos seres humanos. A causa para isso deve ser procurada muito mais no inegável enfraquecimento dos sentimentos religiosos e dos vínculos libidinais deles dependentes. Quando surge outro vínculo grupal no lugar dos religiosos, como parece agora se suceder aos socialistas, então resulta a mesma intolerância contra quem está de fora, tal como nas épocas das lutas religiosas (MPIA, p.107).

O erro de Freud no prognóstico político, sua acusação aos "socialistas" pelo que seus arqui-inimigos alemães fizeram, é tão impressionante quanto sua profecia da destrutividade fascista, seu impulso de eliminar o *out-group*.[17] De fato, a neutralização da religião parece ter conduzido para exatamente o oposto do que o Freud iluminista antecipou: a divisão entre crentes e não crentes foi mantida e reificada. Em todo caso, ela tornou-se uma estrutura em si mesma, independente de qualquer conteúdo ideacional, e é até mesmo defendida de forma mais obstinada desde que perdeu sua evidência interna. Ao mesmo tempo, o impacto atenuador da doutrina da religião do amor desaparecia. Essa é a essência do dispositivo "joio e trigo", empregado por todos os demagogos fascistas. Dado que eles não reconhecem nenhum critério espiritual em relação a quem é escolhido e quem é rejeitado, eles o substituem por um critério pseudona-

---

17 Em relação ao papel da religião "neutralizada", diluída, na construção da mentalidade fascista, cf. *A personalidade autoritária*. Importantes contribuições psicanalíticas a toda esta área de problemas estão contidas no livro de Theodor Reik, *Der eigene und der fremde Gott*, e no livro de Paul Federn, *Die vaterlose Gesellschaft*.

424 tural como a raça,[18] // que parece inescapável e pode, assim, ser aplicado até mesmo de forma mais impiedosa que o conceito de heresia durante a Idade Média. Freud é bem-sucedido em identificar a função libidinal desse dispositivo, que age como uma força integradora negativa. Dado que a libido positiva é completamente investida na imagem do pai primitivo, o líder, e dado que poucos conteúdos positivos estão disponíveis, é necessário encontrar um negativo. "O líder ou a ideia condutora poderiam também, por assim dizer, tornar-se negativos; o ódio contra uma determinada pessoa ou instituição poderia operar também de forma unificante e suscitar vínculos emocionais semelhantes aos da afetividade positiva" (MPIA, p.110). Desnecessário dizer que esta integração negativa se nutre da pulsão de destrutividade, à qual Freud não se refere explicitamente em sua *Psicologia de grupo*, mas cujo papel decisivo ele reconheceu em seu *O mal-estar na civilização*. No presente contexto, Freud explica a hostilidade contra o *out-group* através do narcisismo:

> Nas antipatias e aversões indisfarçadas contra estrangeiros próximos, podemos reconhecer a expressão de um amor-próprio,

---

18 Pode-se notar que a ideologia da raça reflete distintamente a ideia de fraternidade primitiva revivida, de acordo com Freud, através da regressão específica envolvida na formação de massa. A noção de raça compartilha duas propriedades com a fraternidade: ela é supostamente "natural", um vínculo de "sangue", e é dessexualizada. No fascismo, essa similaridade é mantida inconsciente. Comparativamente, ele menciona a fraternidade com pouca frequência, e usualmente apenas em relação aos alemães que vivem fora das fronteiras do *Reich* ("Nossos irmãos das Sudeten"). Isso, obviamente, em parte devido às lembranças do ideal de *fraternité* da revolução francesa, tabu para os nazistas.

de um narcisismo, que se esforça por sua autoafirmação e se comporta como se a existência de um desvio perante suas formações individuais trouxesse consigo uma crítica a elas e uma exigência de sua alteração (MPIA, p.111).

O *ganho* narcísico fornecido pela propaganda fascista é óbvio. Ela sugere continuamente, e algumas vezes de forma maliciosa, que o seguidor, simplesmente por pertencer ao *in-group*, é melhor, superior e mais puro que aqueles que são excluídos. Ao mesmo tempo, qualquer tipo de crítica ou de autoconsciência é ressentida como uma perda narcísica e incita fúria. Isso explica a violenta reação de todos os fascistas contra o que eles julgam *zersetzend* [destrutivo], aquilo que desmascara seus valores mantidos obstinadamente, e // também explica a hostilidade de pessoas preconceituosas contra qualquer tipo de introspecção. Concomitantemente, a concentração de hostilidade sobre o *out-group* elimina a intolerância do próprio grupo, ao qual a relação de uma pessoa seria, de outra forma, altamente ambivalente.

Mas toda essa intolerância desaparece, de forma temporária ou duradoura, através da formação de grupos e no grupo. Enquanto a formação do grupo permanece ou [permanece] até onde ela alcança, os indivíduos comportam-se como se fossem uniformes, suportam a peculiaridade do outro, colocam-se em igualdade com ele e não percebem nenhum sentimento de aversão contra ele. Uma tal restrição do narcisismo, segundo nossas intuições teóricas, somente pode ser produzida através de um momento: o vínculo libidinal com outras pessoas (MPIA, p.425).

Esta é a linha perseguida pelo "truque de unidade" padrão dos agitadores. Eles enfatizam que são diferentes de quem está fora do grupo, mas minimizam tais diferenças dentro de seu próprio grupo e tendem a nivelar as qualidades distintivas entre eles mesmos, com exceção da hierárquica. "Todos nós estamos no mesmo barco"; ninguém deve ser melhor do que ninguém; o esnobe, o intelectual e quem busca o prazer são sempre atacados. A corrente subterrânea de igualitarismo malicioso, de fraternidade de humilhação geral, é um componente da propaganda fascista e do próprio fascismo. Ela encontrou seu símbolo no notório comando de Hitler do *Eintopfgericht*.[19] Quanto menos eles querem que a inerente estrutura social mude, mais tagarelam sobre justiça social, insinuando que nenhum membro da "comunidade do povo" deve se permitir prazeres individuais. Igualitarismo repressivo em vez de realização de verdadeira igualdade através da abolição de repressão é parte e parcela da mentalidade fascista e é refletida no dispositivo "se você soubesse" dos agitadores, que promete a revelação vingativa de toda sorte de prazeres proibidos usufruídos por outros. Freud interpreta esse fenômeno em termos da transformação

---

19 Literalmente: prato de comida, geralmente ensopado de carne e legumes, feito em uma única panela. No inverno de 1933-1934, o governo de Hitler começou um programa denominado Winter-Hilfswerk (campanha de ajuda de inverno), com a finalidade propagandeada de ajudar desempregados e pobres. Quem estivesse em boas condições financeiras era instado a poupar uma parte de seus ganhos, de modo a ajudar quem precisasse. No primeiro sábado de cada mês cada família deveria limitar sua refeição principal a apenas um *Eintopfgericht*, devendo doar o dinheiro economizado a restaurantes públicos, nos quais os mais necessitados poderiam almoçar. (N. T.)

dos indivíduos em membros de uma "horda fraterna" psicológica. A coerência de tais indivíduos é uma formação reativa contra o ciúme primário de um em relação aos outros, forçada a serviço da coerência do grupo.

> O que mais tarde se encontra ativo na sociedade como espírito coletivo, *esprit de corps* etc., não nega sua derivação a partir da inveja original. Ninguém deve querer se sobressair, todos devem ser iguais // e possuir igualmente. Justiça social significa que cada um recusa muito a si, para que os outros também tenham que abdicar igualmente, ou, o que é o mesmo, não possam exigi-lo (MPIA, p.134).

Pode-se acrescentar que a ambivalência para com o irmão encontrou uma expressão mais impactante e sempre recorrente na técnica dos agitadores. Freud e Rank salientaram que em contos de fada pequenos animais, tais como abelhas e formigas, "seriam os irmãos na horda primitiva, tal como insetos e animais daninhos significam, no simbolismo do sonho, irmãos e irmãs (de forma pejorativa, bebês)" (MPIA, p.426). Dado que os membros do *in-group* supostamente "conseguiram identificar-se reciprocamente através de um amor semelhante pelo mesmo objeto" (MPIA, p.134), não podem admitir esse desprezo um pelo outro. Assim, ele é expresso por um investimento afetivo completamente negativo nesses animais inferiores, é mesclado com o código contra o *out-group* e projetado sobre este último. Na realidade, um dos dispositivos favoritos dos agitadores fascistas – examinado em grande detalhe por Leo Löwenthal – é o de comparar *out-groups*, todos os estrangeiros e particularmente refugiados e judeus, a animais inferiores e vermes.

Se temos o direito de assumir uma correspondência dos estímulos da propaganda fascista aos mecanismos elaborados na *Psicologia de grupo* de Freud, devemos nos fazer a quase inevitável questão: como os agitadores fascistas, rudes e semiformados como são, obtêm o conhecimento desses mecanismos? A referência à influência do livro *Mein Kampf* de Hitler sobre os demagogos norte-americanos não levaria muito longe, uma vez que parece impossível que o conhecimento teórico de Hitler sobre a psicologia de grupo fosse além das observações mais triviais derivadas de um Le Bon popularizado. Tampouco se pode afirmar que Goebbels tenha sido um gênio da propaganda e totalmente consciente das descobertas mais avançadas da moderna psicologia profunda.[20] A leitura de seus discursos e de seleções de seus diários recentemente publicados dá a impressão de uma pessoa astuta o suficiente para jogar o jogo da política do poder, mas extremamente ingênua e superficial em relação a todas as questões societárias ou psicológicas // abaixo

---

20 Essa expressão, "psicologia profunda", que traduz "Tiefenpsychologie", refere-se à própria psicanálise e não foi rejeitada por Freud, pois, tal como ele diz no ensaio "O inconsciente", sua nova ciência caracteriza-se por buscar os fundamentos mais profundos do psiquismo: "Admitindo a existência desses dois (ou três) sistemas psíquicos, a psicanálise desviou-se mais um passo da 'psicologia da consciência' descritiva e levantou novos problemas, adquirindo um novo conteúdo. Até o momento, diferiu daquela psicologia devido principalmente à sua concepção *dinâmica* dos processos psíquicos; agora, além disso, parece levar em conta também a *tópica* psíquica e indicar, em relação a determinado ato psíquico, dentro de que sistema ou entre que sistemas ele se verifica. Ainda por causa dessa tentativa, recebeu a designação de 'psicologia profunda' (Sigmund Freud. Das Unbewußte. In: *Gesammelte Werke*. Frankfurt am Main: Fischer Verlag, 1999, p.272). (N. T.)

da superfície de suas próprias palavras de ordem e editoriais jornalísticos. A ideia do Goebbels sofisticado e intelectual "radical" é parte da lenda do diabo associada a seu nome e promovida pelo jornalismo sensacionalista — uma lenda, aliás, que demanda ela mesma uma explicação psicanalítica. O próprio Goebbels pensava através de estereótipos e estava completamente submetido ao encantamento da personalização. Assim, precisamos procurar fontes que não sejam a erudição para o muito propagandeado domínio fascista de técnicas psicológicas de manipulação de massa. A fonte mais importante parece ser a já mencionada identidade básica entre líder e seguidor, que circunscreve um dos aspectos da identificação. O líder pode adivinhar as demandas e necessidades psicológicas daqueles suscetíveis à sua propaganda, porque os reflete psicologicamente e deles se distingue por uma capacidade de exprimir, sem inibições, o que é latente neles, e não por qualquer superioridade intrínseca. Os líderes são geralmente tipos de caráter oral, com uma compulsão para falar incessantemente e enganar os outros. O famoso encantamento que eles exercem sobre seus seguidores parece depender, em larga medida, de sua oralidade: a própria linguagem, desprovida de seu significado racional, funciona de uma forma mágica e favorece aquelas regressões arcaicas que reduzem os indivíduos a membros de multidões. Dado que esta mesma qualidade do discurso não inibido, mas em grande medida associativo, pressupõe pelo menos uma deficiência temporária de controle do eu, ela pode muito bem indicar uma fraqueza, em vez de uma força. A presunção de força dos agitadores fascistas é, de fato, frequentemente acompanhada por indícios de tais fraquezas, particularmente quando suplicam por contribuições financeiras — indícios que, de fato, são habilidosamente mesclados com a própria ideia de força. A fim de conseguir corresponder às disposições inconscientes de sua audiência, o agitador, por assim dizer, simplesmente volta seu inconsciente para fora. Sua síndrome caracterial particular torna-lhe possível fazer exatamente isso, e a experiência o ensinou a explorar conscientemente essa faculdade, a fazer uso racional de sua irracionalidade, de forma semelhante ao ator ou a certo tipo de jornalista, que sabe como vender suas instabilidades nervosas e sensibilidade. Sem saber disso, ele é assim capaz de falar e agir de acordo com a teoria psicológica pela simples razão de que a teoria psicológica é verdadeira. Tudo o que ele precisa fazer para a // psicologia de sua audiência funcionar é explorar astuciosamente sua própria psicologia.

A adequação dos dispositivos dos agitadores à base psicológica de seu objetivo é ainda mais aperfeiçoada por outro fator. Como sabemos, a agitação fascista tornou-se atualmente uma profissão, ou seja, um meio de vida. Ela teve muito tempo para testar a efetividade de seus vários apelos, e, através do que pode ser chamado de seleção natural, somente os mais atraentes sobreviveram. Sua própria efetividade é uma função da psicologia dos consumidores. Através de um processo de "congelamento", que pode ser observado em todas as técnicas empregadas na cultura de massa moderna, os apelos sobreviventes foram padronizados, de forma semelhante aos *slogans* publicitários que provaram ser muito valiosos na promoção de negócios. Essa padronização, por sua vez, se coaduna com o pensamento estereotipado, ou seja, com a "estereopatia" daqueles suscetíveis a esta propaganda e seu desejo infantil por repetição interminável e inalterada. É difícil prever se essa última disposição psicológica irá evitar que os dispositivos padrão dos agitadores se tornem embotados pelo uso excessivo. Na Alemanha nacional-socialista, todos costumavam caçoar de certas frases propagandísticas, tal como "sangue e solo" (*Blut und Boden*), chamada jocosamente de *Blubo*, ou o conceito da raça nórdica, da qual derivou-se o verbo paródico *aufnorden* ("nortenizar"). Entretanto, esses apelos não parecem ter perdido sua atratividade. A bem dizer, sua "falsidade" ("*phoniness*") pode ter sido usufruída cínica e sadicamente como um índice para o fato de que o poder, por si só, decidiu o destino dos indivíduos no Terceiro Reich, isto é, o poder não restringido pela objetividade racional.

Além disso, pode-se perguntar: por que a psicologia de grupo aplicada, discutida aqui, é mais peculiar ao fascismo do que à maioria de outros movimentos que buscam suporte de massa? Mesmo a comparação mais casual da propaganda fascista com a de partidos liberais e progressistas mostrará similitudes. Não por acaso, nem Freud nem Le Bon visavam tal distinção. Eles falaram de multidões "como tais", semelhante às conceitualizações usadas pela sociologia formal, sem diferenciar entre os objetivos políticos dos grupos envolvidos. De fato, ambos pensaram mais os movimentos socialistas tradicionais do que seus opostos, embora se deva notar que a // Igreja e o Exército — os exemplos escolhidos por Freud para demonstração de sua teoria — são essencialmente conservadores e hierárquicos. Le Bon, por outro lado, está principalmente preocupado com multidões não organizadas, espontâneas e efêmeras. Somente uma teoria explícita da sociedade, transcendendo em muito o âmbito da psicologia, pode responder completamente à questão levantada. Aqui vamos nos contentar com algumas sugestões. Primeiro, as metas objetivas do fascismo são altamente irracionais, na medida em que contradizem os interesses materiais de grande número daqueles que elas pretendem abarcar, apesar do *boom* pré-guerra dos primeiros anos do regime de Hitler. O contínuo perigo de guerra inerente ao fascismo significa destruição, e as massas sabem disso, pelo menos de forma pré-consciente. Assim, o fascismo não fala totalmente a mentira quando se refere a seus próprios poderes irracionais, por mais falsa que seja a mitologia que racionaliza ideologicamente o irracional. Dado que seria impossível ao fascismo angariar as massas através de argumentos racionais, sua propaganda tem necessariamente que desviar de um pensamento discursivo; precisa ser orientada psicologicamente e tem que mobilizar processos irracionais, inconscientes e regressivos. A tarefa é facilitada pelo quadro mental de todos aqueles extratos da população que sofrem de frustrações sem sentido e, portanto, desenvolvem uma mentalidade mesquinha e irracional. Pode muito bem ser o segredo da propaganda fascista que ela simplesmente tome os homens pelo que eles são: verdadeiros filhos da cultura de massa padronizada de hoje, em grande parte subtraídos de sua autonomia e espontaneidade, em vez de se colocar metas cuja realização transcenderia o *status quo* psicológico não menos que o social. A propaganda fascista precisa apenas *reproduzir* a mentalidade existente para seus próprios propósitos – ela não precisa induzir uma mudança –, e a repetição compulsiva, que é uma de suas características mais importantes, irá se coordenar com a necessidade por sua reprodução contínua. Ela se apoia absolutamente na estrutura total, bem como em cada traço particular do caráter autoritário, que é ele mesmo o produto de uma internalização dos aspectos irracionais da sociedade moderna. Sob as condições prevalecentes, a irracionalidade da propaganda fascista se torna racional no sentido da economia pulsional, pois, se o *status quo* é tomado como aceito e petrificado, precisa-se de um esforço muito maior para se ver através dele do que a ele se ajustar e obter pelo menos // alguma gratificação graças à identificação com o existente – o cerne da propaganda fascista. Isso pode explicar por que movimentos de massa ultrarreacionários usam a "psicologia das massas" em um grau muito maior do que movimentos que demonstram mais confiança nas massas. Todavia, não há dúvida de que mesmo o movimento político mais progressista pode deteriorar ao nível da "psicologia da multidão" e sua manipulação, se seu próprio conteúdo racional é despedaçado pela reversão ao poder cego.

A assim chamada psicologia do fascismo é amplamente engendrada por manipulação. Técnicas racionalmente calculadas produzem o que é ingenuamente considerado como a irracionalidade "natural" das massas. Essa perspectiva pode auxiliar a resolver o problema de se o fascismo como um fenômeno de massa pode ser explicado completamente em termos psicológicos. Enquanto certamente existe suscetibilidade potencial para o fascismo entre as massas, é igualmente certo que a manipulação do inconsciente, o tipo de sugestão explicado em termos genéticos por Freud, é indispensável para a atualização de seu potencial. Isso, no entanto, corrobora a hipótese de que o fascismo como tal *não* é um problema psicológico e que qualquer tentativa de compreender suas raízes e seu papel histórico em termos psicológicos ainda permanecerá no nível das ideologias, tal como a das "forças irracionais" promovida pelo próprio fascismo. Embora o agitador fascista indubitavelmente assuma certas tendências internas daqueles a quem se dirige, ele o faz como mandatário de poderosos interesses econômicos e políticos. Disposições psicológicas, na verdade, não causam o fascismo; em vez disso, o fascismo define uma área psicológica que pode ser explorada de forma bem-sucedida pelas forças que o promovem por razões de interesse próprio completamente não psicológicas. O que acontece quando as massas são subjugadas pela propaganda fascista não é uma expressão primária e espontânea de pulsões e demandas, mas uma revitalização *quasi*-científica de sua psicologia – a regressão artificial descrita por Freud em sua discussão de grupos organizados. A psicologia das massas foi apropriada por seus líderes e transformada em um meio para dominação. Ela não se expressa diretamente através de movimentos de massa. Este fenômeno não é inteiramente novo, pois foi prenunciado por todos os movimentos contrarrevolucionários da história. Longe de ser a // fonte do fascismo, a psicologia se tornou um elemento entre outros no interior de um sistema superposto cuja totalidade é demandada contra o potencial de resistência das massas – a própria racionalidade das massas. O conteúdo da teoria de Freud, a substituição do narcisismo individual pela identificação com as imagens do líder, aponta na direção do que poderia ser chamado de apropriação da psicologia de massas pelos opressores. Certamente, este processo tem uma dimensão psicológica, mas também indica uma tendência crescente rumo à abolição da motivação psicológica no sentido antigo e liberal. A motivação é sistematicamente controlada e absorvida pelos mecanismos sociais que são dirigidos a partir de cima. Quando os líderes se tornam conscientes da psicologia de massas e a tomam em suas próprias mãos, ela deixa de existir em certo sentido. Essa potencialidade está contida no construto básico da psicanálise, na medida em que, para Freud, o conceito de psicologia é essencialmente negativo. Ele definiu o âmbito da psicologia pela supremacia do inconsciente e postula que o isso deve se tornar eu. A emancipação do homem em relação às leis heterônomas de seu inconsciente seria equivalente à abolição de sua "psicologia". O fascismo impele a essa abolição no sentido oposto, por meio da perpetuação da dependência em vez da realização da potencial liberdade, através da expropriação do inconsciente pelo controle social, em vez de tornar os sujeitos conscientes de seu inconsciente. Isso porque, enquanto a psicologia sempre denota algum aprisionamento do indivíduo, ela também pressupõe liberdade no sentido de certa autossuficiência e autonomia do indivíduo. Não é acidental que o século XIX foi a grande era do pensamento psicológico. Em uma sociedade completamente reificada, em que virtualmente não há nenhuma relação direta entre os seres humanos, e na qual cada pessoa foi reduzida a um átomo social, a uma mera função da coletividade, os processos psicológicos, embora ainda persistam em cada indivíduo, não mais aparecem como as forças determinantes do processo social. Assim, a psicologia do indivíduo perdeu o que Hegel teria chamado sua substância. Talvez o maior mérito do livro de Freud seja que, embora tenha se restringido ao campo da psicologia social e sabiamente tenha renunciado a introduzir fatores sociológicos a partir de fora, ele, entretanto, alcançou o ponto de viragem onde a psicologia renuncia. // O "empobrecimento" psicológico do sujeito que "se abandonou ao objeto" que "ele colocou no lugar de seu mais importante constituinte" (MPIA, p.127), isto é, o supereu, antecipa quase com *clairvoyance* [clarividência] os átomos sociais desindividualizados e pós-psicológicos que formam as coletividades fascistas.

Nesses átomos sociais, as dinâmicas psicológicas de formação de grupo excederam a si mesmas e não são mais uma realidade. A categoria de "falsidade" (*phonyness*) aplica-se tanto aos líderes quanto ao ato de identificação por parte das massas e seu suposto frenesi e histeria. As pessoas acreditam tão pouco, do fundo de seu coração, que os judeus são o demônio, quanto acreditam completamente em seu líder. Elas não se identificam realmente com ele, mas representam [*act*] essa identificação, encenam [*perform*] seu próprio entusiasmo, e assim participam na encenação [*performance*] de seu líder. É através dessa encenação que elas atingem um equilíbrio entre seus ímpetos pulsionais continuamente mobilizados e o estágio histórico de esclarecimento que elas alcançaram e que não pode ser revogado arbitrariamente. É provavelmente a suspeita desse caráter fictício de sua própria "psicologia de grupo" que torna as multidões fascistas tão impiedosas e inalcançáveis. Se elas parassem para refletir por um segundo, toda a encenação se despedaçaria e elas entrariam em pânico.

Freud descobriu esse elemento de "falsidade" em um contexto inesperado, a saber, quando ele discutiu a hipnose como uma regressão dos indivíduos à relação entre a horda primitiva e o pai primitivo.

> Tal como sabemos a partir de outras reações, o indivíduo conservou uma medida variável de disponibilidade pessoal para a revivência de tais situações arcaicas. Um saber de que a hipnose seja apenas um jogo, uma revivência fraudulenta de uma impressão antiga, pode, entretanto, ser mantido e atentar para a resistência contra todas as consequências sérias da suspensão hipnótica da vontade (MPIA, p.142).

Nesse meio tempo, este jogo foi socializado, e as consequências provaram ser muito sérias. Freud fez uma distinção entre hipnose e psicologia de grupo ao definir a primeira // como tendo lugar entre apenas duas pessoas. Entretanto, a apropriação da psicologia de massa pelo líder, o aperfeiçoamento de sua técnica, o permitiram coletivizar o encantamento hipnótico. O grito de guerra nazista "Desperte, Alemanha" esconde precisamente seu contrário. A coletivização e institucionalização do encantamento, por outro lado, tornaram a transferência mais e mais indireta e precária, de modo que o aspecto de encenação, a "falsidade" da identificação entusiástica e de toda a dinâmica tradicional da psicologia de grupo, aumentou tremendamente. Este aumento pode muito bem acabar em uma consciência súbita da inverdade do encantamento e eventualmente provocar seu colapso. A hipnose socializada cria em si mesma as forças que eliminarão o fantasma da regressão através de controle remoto e que, no fim, despertarão aqueles que mantêm seus olhos fechados embora não estejam mais dormindo.

1951

Observações sobre política e neurose

> *Certain sociologists* [...] *indulge in* ad hoc *psychological constructions without reference to technical psychological considerations.*[1]
>
> Talcott Parsons

Arthur Koestler transpõe, em seu ensaio, o conceito de neurose para a política.[2] O método de que se serve é o da analogia: ele fala de "neuróticos políticos", mas, sobretudo, de uma "libido política", que seria "pelo menos tão carregada de complexos, recalcada e distorcida quanto a libido sexual". Em seu fundamento reside a hipótese de que categorias concebidas por Freud para a esfera do indivíduo e de sua dinâmica pulsional podem ser transpostas para uma esfera constituída de forma semelhante, embora dela independente nos demais aspectos. Pa-

---

1 Alguns sociólogos [...] se permitem construções psicológicas *ad hoc* sem referência a considerações psicológicas técnicas.
2 Arthur Koestler, Politische Neurosen, in: *Der Monat* 63, Jg. 6, dezembro de 1953, p.227 e ss. (Nota da edição alemã.)

lavras como "instinto político" ou até mesmo "subsconsciência política" ["politisches Unterbewußtsein"] demonstram isso.

Ora, a própria psicanálise se esforça há trinta anos pela compreensão de fenômenos políticos. Ela se propõe como tema aqueles assim chamados movimentos de grupo, que incitaram o excurso de Koestler à psicologia profunda. É culpa da fatal divisão de trabalho nas ciências o fato de que, embora Koestler esteja familiarizado com os conceitos correntes da psicanálise, o está muito pouco com os esforços mais recentes da psicologia social analítica, em cujo início está o extraordinário texto de Freud *Psicologia de grupo e análise do eu* (1921), no qual o autor procurou derivar as conhecidas observações de Le Bon e McDougall sobre psicologia de grupo a partir da dinâmica pulsional individual. Com isso que ele *desencantou* o conceito de psicologia de grupo: seus sintomas são, para ele, não de uma misteriosa // natureza coletiva *sui generis*, pois se fundamentam em processos que decorrem em cada membro individual de um grupo, a saber, identificações com figuras paternas. A expressão "hipnose de grupo", usualmente empregada de forma vaga, é tomada a sério por Freud, que também desdobra os modos de comportamento grupal semelhantes à hipnose a partir da vida pulsional dos que se unem em um grupo. Através deste procedimento, a teoria de Freud forneceu expressão a uma situação social em que precisamente a formação de grupo tem como pressuposto a atomização e alienação dos seres humanos.

O texto de Freud deu origem a uma extensa discussão entre os psicanalistas. Já a partir do final dos anos 1920 a pesquisa social empírica empregou conceitos de sua psicologia de grupo. Permito-me aqui talvez recordar os trabalhos de nosso Instituto de Pesquisa Social, a que se filiou desde o início uma seção psicanalítica, sob a direção de Karl Landauer, morto no campo de concentração Belsen. Na coletânea de trabalhos *Estudos sobre autoridade e família*,³ conjugou-se pela primeira vez, em uma vasta pesquisa, a análise da dinâmica social e os mecanismos da psicologia profunda relativos ao comportamento perante a autoridade. Os trabalhos norte-americanos de nosso instituto continuaram a seguir essa intenção: *A personalidade autoritária* pesquisou sistematicamente as correlações entre ideologias políticas e estruturas caracterológicas, e o livro, publicado em 1950 nos Estados Unidos, ensejou uma literatura já hoje bastante extensa.

A diferença entre as teses de Koestler e tais esforços científicos realizados há décadas é que, nestes últimos, "neuroses políticas" não são consideradas doenças por si mesmas, pois são na verdade vinculadas funcionalmente à estrutura pulsional e à psicologia individuais. Essa diferença, entretanto, não é meramente acadêmica, // que se referiria apenas a sutis interpretações de processos sobre os quais se estaria fundamentalmente em acordo, mas sim à concepção central. Tão logo os conceitos sejam separados da teoria, à qual pertencem segundo seu sentido, e sejam nivelados ao plano do pretenso *common sense* [bom senso], alteram seu sentido e não mais produzem o que outrora deveriam.

Em relação ao artigo de Koestler, há de se questionar inicialmente o que propriamente seria a libido política, tão claramente distinguida da sexual. Permanece também em aberto como

---

3 Cf. *Studien über Autorität und Familie. Forschungsberichte aus dem Institut für Sozialforschung.* (*Schriften des Instituts für Sozialforschung.* Ed. por Max Horkheimer, v.5.) Paris, 1936.

explicar os mecanismos do recalque político, para o qual Koestler cita um exemplo deveras impactante – o recalque da culpa na Alemanha –, caso não mantivermos o significado psicológico estrito do conceito de recalque. Koestler pretende definir a libido política exatamente como "a necessidade do indivíduo de ser parte de um todo, de imiscuir-se em uma comunidade, de pertencer a ela de alguma forma". Raramente se produz muito com tais definições verbais. O estado de coisas indicado por Koestler na verdade apenas coloca o problema que uma psicologia social analítica teria que apreender, e não fornece a própria solução. Ou pretende ele, seriamente, retroceder àquela doutrina pulsional pluralista pré-freudiana de McDougall, que nomeia um "instinto social" em meio a inumeráveis outros instintos, na maioria das vezes inventados, sem refletir em detalhe sobre a origem e a relação do que é acrescentado ao quadro das pulsões? Será mesmo tão evidente que se quer "pertencer [à comunidade]"? Não seria necessário, se quisermos descobrir as raízes psicológicas da ideologia totalitária, pesquisar mais a fundo exatamente este conceito?

Koestler, entretanto, toma o âmbito do político de forma absoluta, na medida em que confunde descrição com explicação. Por isso, engana-se não apenas quanto à gênese psicológica do fascínio totalitário, quanto também, de forma mais importante, em relação à gênese social. No sentido da teoria propriamente psicanalítica, as manifestações de rígida identificação com o "in-group" descritas por Koestler são, em grande medida, frutos de um *narcisismo* coletivo. A fragilidade do eu que retrocede ao complexo de castração, cujo conceito introduzido por Nunberg obviamente não é familiar a Koestler, procura compensação em uma imagem coletiva e onipotente, // arrogante e, assim, profundamente semelhante ao próprio eu enfraquecido. Esta tendência, que se incorpora em inumeráveis indivíduos, torna-se ela mesma uma força coletiva, cuja extensão até agora não se estimou corretamente. Ela não é, entretanto, expressão de uma "neurose política" *sui generis*, pois tem sua raiz psicológica no sacrifício da satisfação egoica que acomete os seres humanos.

O método improvisado de Koestler conduz a equívocos de graves consequências, pois o narcisismo coletivo não significa de forma alguma simplesmente que "se evite a realidade a todo custo". Koestler observa corretamente que certos fatos políticos sofrem recalque ao serem incompatíveis com o narcisismo, mas, em igual medida, escapa-lhe que o narcisismo coletivo se coaduna muito bem com o "princípio de realidade". Por mais que a ótica da camarilha totalitária inquestionavelmente seja obscura em vários aspectos, seria por demais ingênuo considerá-la "irrealista". Na psicanálise, narcisismo significa investimento libidinal no próprio eu, em vez do amor a outros seres humanos. O mecanismo desse deslocamento não é outro que o mecanismo social, que oferece um prêmio pelo enrijecimento de cada indivíduo, pela crua vontade de autoconservação. As metas pulsionais do narcisismo coletivo são, em virtude de sua fusão com o eu, completamente compatíveis com objetivos racionais, com um discernimento perspicaz das condições dadas. As ideologias na Alemanha e na França atuais, que Koestler destaca como típico exemplo de neurose política, harmonizam-se completamente com os fortes interesses daqueles que as compartilham. Certamente aquele narcisismo é, em um sentido bem próprio, tão irracional política quanto psicologicamente. É inerente a ele um momento autodestrutivo, mas não mais do que a ordem mundial, na qual ele se forma compulsivamente. Não terá Hitler visto a Europa de seus dias muito "mais realistamente" do que os estadistas da Sociedade das Nações, que, empregando um saudável entendimento humano, cometeram uma burrice atrás da outra? A impiedosa dominação dos interesses do eu, ampliados em um sistema totalitário, libera uma espécie de racionalidade muito mais superior a seus oponentes na escolha dos meios, e cega apenas para os fins. A psicologia totalitária // reflete o primado de uma realidade social que produz seres humanos já tão insanos quanto ela própria. A insanidade, entretanto, consiste em que os seres humanos aprisionados funcionam apenas como agentes de uma realidade todo poderosa; em que sua psicologia configura tão somente estações de parada dessa tendência da realidade. O fato de que possa surgir um sistema delirante [*Wahnsystem*] a partir da doutrina das próprias leis sociais objetivas não deve seduzir ninguém a recair em um psicologismo, que se contenta com a fachada social e, além disso, nem sequer é satisfatório psicologicamente. Não há nenhuma "neurose política", embora deformações psíquicas influenciem o comportamento político, mas não explicam totalmente as deformações deste último. Tal comportamento fundamenta-se menos na "questão pelo sentido da vida" – uma diluição bem abstrata do que impulsiona propriamente os homens – do que em necessidades extremamente concretas, tal como o desemprego tecnológico, as divergências entre o estado dos meios de produção e da propriedade de matérias-primas em países individuais, e a onipresente impossibilidade econômica de dirigir a vida através de sua própria força, uma impossibilidade que, com uma "racionalidade" diabólica, impele os indivíduos aos movimentos heterônomos de grupo.

As investigações de psicologia social das quais falei resultaram na conexão entre típicos complexos psicológicos e posturas políticas. "Caracteres vinculados à autoridade", pessoas cuja cristalização de um eu autônomo fracassou sob a pressão de vivências infantis, tendem especialmente a ideologias totalitárias. Igualmente indiscutível é, entretanto, um resultado que contradiz flagrantemente a perspectiva de Koestler: os indivíduos autoritários não são de forma alguma "mais neuróticos" do que os outros. Se quisermos falar de determinados defeitos psicológicos nessas pessoas, então eles são vistos — e isso também deveria ser apresentado somente com extremo cuidado — na direção das *psicoses*, principalmente da paranoia, enquanto conflitos especificamente neuróticos deverão ser mais encontrados no tipo oposto. A linguagem imprecisa, que fala de "delírios e psicoses de grupo", frequentemente aproxima-se mais da realidade do que a teoria da neurose política. // Também seria falso, entretanto — como acontece frequentemente —, conceber como psicóticos, loucos, aqueles que tendem psicologicamente a sistemas totalitários. Em vez disso, segundo a perspectiva de Ernst Simmel, o sistema delirante [*Wahnsystem*] coletivo, a que eles se devotam e para cuja fenomenologia Koestler muito contribui, evidentemente protege os indivíduos da psicose explícita — o delírio encapsulado lhes permite comportar-se em outras regiões de forma um tanto "mais realista". Neles, o momento patológico se esconde nesse próprio realismo, em uma espécie de frieza e ausência de afeto, que os poupa do conflito neurótico. A neurose neles está, por assim dizer, pré-decidida. Igualaram-se sem resto ao mundo; se eles, como diz Koestler, são incapazes de aprender pela experiência, então é porque se tornaram tão reificados que não podem mais propriamente fazer experiências. O chefe de polícia, no qual a monstruosidade totalitária se apresenta de forma mais consequente, é seguramente tudo, menos neurótico. Em vez disso, segundo a analogia do conceito de neurose de caráter introduzido por Franz Alexander, talvez se devesse falar de caracteres psicóticos nos tipos humanos totalitários em sentido próprio. Quanto mais nos aprofundamos na gênese psicológica do caráter totalitário, tanto menos nos contentamos em explicá-lo de forma exclusivamente psicológica, e tanto mais nos damos conta de que seus enrijecimentos psicológicos são um meio de adaptação a uma sociedade enrijecida.

1954

Tabus sexuais e direito hoje

Em memória de Fritz Bauer

O teórico que intervém hoje em controvérsias práticas experimenta de forma regular e envergonhada que o que ele porventura possa contribuir com ideias já há muito foi dito e, na maioria dos casos, melhor na primeira vez. Não apenas a profusão de escritos e publicações cresceu desmesuradamente: a própria sociedade, não obstante toda sua essência expansiva, mesmo na superestrutura, no direito e na política, parece regredir em larga medida a estágios mais antigos. Isso obriga, a contragosto, a requentar argumentos há muito conhecidos. Mesmo o pensamento crítico é ameaçado pelo contágio com o que ele critica. Ele precisa se deixar conduzir pelas formas concretas da consciência, contra as quais ele investe, e remoer o que elas esqueceram. O pensamento não está puramente em si mesmo; sobretudo o pensamento prático está tão vinculado ao momento histórico que se tornaria abstrato e falso, na era da regressão, se, em face desta, quisesse progredir indefinidamente a partir de seu próprio elã. Apenas isto é a verdade amarga na expressão "pensador em tempos sombrios"; o que ele produz depende de que ative até mesmo o momento da regressão que lhe é imposto, ao torná-lo consciente. Sobretudo em face dos tabus sexuais, é difícil formular qualquer coisa com a intenção de esclarecimento que, na mais recente era da suposta emancipação das mulheres, não tenha sido já há muito reconhecido e então mais uma vez recalcado. As ideias de Freud sobre a sexualidade infantil e as pulsões parciais, que subtraiu da moral sexual tradicional sua última legitimação, ainda valem integralmente em uma época que gostaria de enfraquecer a psicologia profunda; e o que Karl Kraus escreveu em sua incomparável obra de juventude *Sittlichkeit und Kriminalität* [*Moralidade e criminalidade*] – apenas muito recentemente esse volume foi republicado por Langen-Müller, como o décimo primeiro de sua obra – é insuperável em rigor e autoridade. A própria situação contribui // para a conservação do envelhecido e, assim, completamente mau: estaríamos apenas repetindo o que é por todos conhecido – como se isso, por si, já nos refutasse. O segundo esclarecimento, entretanto, que hoje se desenrola contra o primeiro, conduz meramente ao desmantelamento deste, segundo a perspectiva de Enzensberger.

A sabotagem do esclarecimento em nome de seu envelhecimento deriva seus pretextos também do objeto. O discurso sobre tabus sexuais soa anacrônico numa época em que cada garota, em alguma medida financeiramente independente dos pais, tem namorado; em que os meios de comunicação de massa, fundidos com a publicidade – para a fúria de seus adversários conservadores –, produzem estímulos sexuais incessantemente, e em que a assim chamada *healthy sex life* [vida sexual saudável] nos Estados Unidos pertence, por assim dizer, à higiene física e psíquica. Segundo a elegante formulação dos sociólogos Wolfenstein e Leites, uma espécie de moral do divertimento, *fun morality*, já está subordinada a essa higiene. Perante tudo isso, sugestões de reforma da legislação sexual adquirem, *prima vista*, o caráter de algo respeitosamente sufragista. Os defensores da ordem, então, podem apontar para isso com uma ironia barata, que dificilmente fracassa. As pessoas certamente têm sua liberdade, fazem aquilo que elas já querem fazer, e somente crimes devem ser impedidos pela lei – para que reformas, afinal?

A resposta não é outra senão que a liberação do sexo na sociedade atual é mera aparência. Com ela ocorreu aquilo que é designado pela sociologia, em outras áreas, através de sua expressão favorita "integração"; tal como a sociedade burguesa se assenhorou da ameaça do proletariado ao cooptá-lo. A sociedade irracional – que se apoia na dominação da natureza interna e externa, e disciplina o princípio de prazer difuso e prejudicial à moral do trabalho e ao próprio princípio dominante – não carece mais do mandamento patriarcal da abstinência, da virgindade e da castidade. Em vez disso, o sexo acendido e apagado, guiado e explorado em inumeráveis formas da indústria material e cultural, é dominado, institucionalizado e engolido pela sociedade, em consonância com sua manipulação. Uma vez adestrado, é tolerado. Anteriormente, a sociedade soube lidar com ele em virtude do sacramento do matrimônio; hoje ela o toma // sob seu controle de forma imediata, sem instâncias intermediárias como a Igreja, muitas vezes sem sequer legitimação estatal. Com isso, entretanto, o sexo se modificou. Se Freud, em sua tentativa de descrever o especificamente sexual, salientou o momento de indecência – e isso quer dizer: do socialmente repulsivo –, então este momento, por um lado, desapareceu, mas, por outro, foi rejeitado com horror. Isto revela nada menos do que uma dessexualização do próprio sexo. O prazer capturado ou permitido com sorriso complacente não é mais prazer algum; psicanalistas não teriam dificuldade em demonstrar que em todo o empreendimento sexual padronizado e controlado por monopólios, com as roupas padronizadas das estrelas de cinema, os prazeres preliminar e substitutivo sobrepujaram o prazer propriamente dito. A neutralização do sexo, descrita no desaparecimento da grande paixão, descolore-o até onde ele pensa se satisfazer de forma desinibida.

Disso se pode concluir, entretanto – e as neuroses contemporâneas poderiam confirmar isso –, que os tabus sexuais, na verdade, não caíram. Alcançou-se apenas uma nova e mais profunda forma de recalque, com todo o seu potencial destrutivo. Enquanto o sexo foi integrado, permanece odiado pela sociedade o que nele não se deixa integrar, o aroma propriamente sexual. Se for verdadeiro que o sexual em sentido estrito é *eo ipso*, o proibido, então esta proibição sabe se afirmar também nas manifestações consentidas do sexo. Dificilmente em outro lugar fora da zona do ainda sempre proscrito poderia se manifestar algo da monstruosidade oculta. Em uma sociedade não livre, a liberdade sexual é tão pouco concebível quanto qualquer outra. O sexo é pasteurizado como *sex*, por assim dizer, como uma variante do esporte; o que nele é diferente permanece um ponto alérgico.

Isso exige, apesar de tudo, que nos ocupemos mais uma vez com o direito e os tabus sexuais, não apenas por suposta solidariedade impotente com as vítimas, mas também tendo em mente as consequências do recalque, que aumenta com a integração. Este pode alimentar permanentemente o reservatório de caracteres autoritários, que sempre estão dispostos a seguir regimes totalitários de qualquer espécie. Um dos // resultados mais palpáveis de *A personalidade autoritária* foi que pessoas com aquela estrutura de caráter, que as predispõe como seguidores do totalitarismo, são perturbadas em grande medida por fantasias de perseguição contra o que lhes parece desviante segundo sua perspectiva sexual, por representações sexuais selvagens que, em geral, elas rejeitam de si mesmas e projetam em grupos externos. Os tabus sexuais alemães incidem naquela síndrome ideológica e psicológica do preconceito, que ajudou o nacional-socialismo a formar a base de massas e que sobrevive em uma forma despolitizada segundo seu conteúdo manifesto. Em seu momento oportuno, ela poderia se concretizar também politicamente. Imanente ao sistema e ao mesmo tempo imperceptível, ela é hoje mais prejudicial à democracia que as facções neofascistas, que ocasionalmente encontram muito menos ressonância e dispõem de recursos reais e psíquicos muito mais reduzidos.[1]

A psicanálise investigou os tabus sexuais, bem como sua sedimentação no direito, principalmente no âmbito criminológico — recorde-se aqui os trabalhos de Aichhorn —, e o que ela trouxe à luz continua válido. Deveríamos, entretanto, acrescentar alguns elementos para adequá-la ao estado de coisas na fase histórica mais recente. A época de Freud estava sob o signo das formas de autoridade pré-capitalistas ou da alta burguesia, do patriarcalismo do núcleo familiar, da repressão pelo pai, de suas consequências, do caráter compulsivo e da síndrome anal a ele atribuída. Certamente a tese social de que a superes-

---

1 Cf. "O que significa elaborar o passado".

trutura se modifica mais lentamente do que a infraestrutura confirma-se também psicologicamente na relativa constância do inconsciente salientada por Freud. De fato, a psique individual é secundária em relação à preponderância dos processos sociais reais, ou, se se quiser: ela é superestrutura. Sob os poderes coletivos, que surgiram em lugar da autoridade paterna individual, perdura a *imago* paterna, como Freud já constatara em *Psicologia das massa e análise do eu*. Desde então, entretanto, sucederam-se modificações na estrutura social da autoridade, que pelo menos afetam a forma concreta dos tabus sexuais. A sexualidade genital, contra a qual se volta a tradicional ameaça de castração, não é mais o // alvo. A manada da *Lebensborn*[2] da SS,[3] o encorajamento das garotas para relações temporárias com aqueles que declaram a si mesmos como da elite e como tais se estabeleceram, é, como muitos crimes pioneiros do Terceiro Reich, meramente a antecipação extrema de tendências sociais globais. O estado da SS foi tão pouco o reino da liberdade erótica quanto a libertinagem das praias e dos *campings* de hoje, que, aliás, a todo momento podem ser obrigados a retroagir ao estado dos chamados "pontos de vista saudáveis"

---

2 *Lebensborn* foi uma organização instituída por Hitler, em 1936, com a finalidade de gerar filhos da raça ariana, de modo a fomentar uma eugenia, através da seleção de pais e mães capazes de gerar uma descendência desse tipo. O que Adorno enfatiza no texto é a característica de que as finalidades de seleção racial seriam alcançadas através de nascimentos anônimos e por adoção, a partir de relacionamentos sexuais temporários, sem vínculo matrimonial. (N. T.)

3 *Schutzstaffel*, o esquadrão de defesa militar do Terceiro Reich, responsável pela maior parte das atrocidades cometidas no regime nazista, incluindo o funcionamento dos campos de concentração para extermínio dos judeus. (N. T.)

na linguagem dos tabus. Traços antropológicos como o concretismo nos jovens, o definhamento da fantasia e a adaptação sem resistência às condições todo-poderosas dadas possuem um aspecto que se coaduna perfeitamente à nova forma dos tabus sexuais.

De acordo com a teoria freudiana, a forma de sexualidade aprovada e dominante na civilização, a genital, não é, tal como ela gosta de assumir para si, originária, mas sim resultado de uma integração. Sob a coerção da adaptação social, nela convergem as pulsões parciais da criança, através do agenciamento da família, em direção a uma unidade e a um favorecimento à finalidade social da reprodução. Não escapou a Freud que essa integração na sexualidade genital é de natureza precária, e ele, burguês completamente patriarcal, lamentou isso. A verdadeira vida pulsional erótica, as relações em que o prazer se realiza, não é de forma alguma aquela *healthy sex life* encorajada nos países industriais mais desenvolvidos por todos os ramos da economia, da indústria cosmética à psicoterapia. Em vez disso, sobrevive na genitalidade a libido parcial, que nela se unifica. Toda felicidade se inflama na tensão entre ambas. Tal como as pulsões parciais que, desde que não se realizem genitalmente, mantêm algo de inútil, como se pertencessem a um estágio que ainda não conhecia o prazer, assim a genialidade totalmente purificada das pulsões parciais, desprezadas como perversas, é pobre, embotada, por assim dizer, comprimida a um ponto. Dessexualização da sexualidade deveria ser compreendida psicodinamicamente como a forma do sexo genital, em que este mesmo se transforma em poder de impor tabus e inibe as pulsões parciais ou // as elimina. Utopia sexual inclui não ser si mesmo e também, na pessoa amada, amar não apenas a ela própria: negação do princípio do eu. Ela estremece aquela invariante da sociedade burguesa em sentido amplo, que desde sempre teve em vista a integração: a exigência de identidade. Inicialmente, esta deveria se produzir, mas finalmente deveria ser mais uma vez superada. O que é meramente idêntico a si mesmo não possui felicidade. No centramento genital ao redor do eu e do outro igualmente fixo em si, para o qual não por acaso tornou-se moda o título "parceiro", esconde-se um narcisismo. A energia libidinal é deslocada para o poder, que a domina e, por isso, a engana. A indecência enfatizada por Freud, entretanto, vincula-se ao excesso das pulsões parciais sobre a genitalidade, do qual esta extrai sua força e seu brilho. Os tabus sociais tradicionais dirigem-se igualmente a ambas, genitalidade e pulsões parciais, embora provavelmente sua face aguda se dirija provavelmente mais para as últimas; a obra de Sade revolta-se contra isso. Com a crescente ratificação social da genitalidade, aumenta a pressão contra as pulsões parciais e seus representantes nas relações genitais. Como seu resquício, cultiva-se apenas o voyeurismo socializado, o prazer preliminar. Este coloca a observação por todos em lugar da união com uma pessoa e exprime, assim, a tendência de socialização do sexo, que constitui, ela mesma, um aspecto da integração mortal do sexo. O prêmio que a sociedade patriarcal coloca no caráter feminino, na acomodação passiva e que se desacostumou de seu próprio impulso [*Regung*], e possivelmente da própria demanda por prazer, contribui para a dessexualização do sexo. Este é confiscado por um ideal do natural, que, sob uma espécie de cultura do ar livre, muito possivelmente conduz à pura genitalidade e se debate contra todo refinamento. A forma do tabu em meio à liberdade formal deveria ser estudada; deveríamos estudar o modelo de tal naturalidade mas igualmente à padronização do sexo plastificado. No clima que mescla a violência subterrânea das proibições à mentira de que elas não possuiriam mais força, florescem as perseguições de estilo mais recente. De modo complementar à fraqueza do eu que se evidencia em toda parte, como incapacidade psicologicamente adquirida de se desviar do que todos fazem, as pulsões parciais, // se não nos enganamos completamente, são recalcadas de forma psíquica e real mais do que antes, tal como são também tratadas socialmente; quanto menos, aparentemente, for indecente, tanto pior a vingança naquilo que, apesar de tudo, ainda deve existir. O ideal higiênico é mais rigoroso que o da ascese, a qual nunca quis permanecer o que era. Os tabus, em meio à aparência de liberdade, não podem ser tratados de forma descuidada, pois ninguém mais acredita totalmente neles, enquanto são, entretanto, reforçados pelo inconsciente dos indivíduos e pelos poderes institucionais. De forma geral, representações repressivas tornam-se tanto mais cruéis quanto mais são esvaziadas: elas precisam exagerar sua aplicação a fim de o pavor convencer os seres humanos de que seria também legítimo o que é muito forte. Os processos contra as bruxas floresceram quando o universalismo tomista desmoronou. De forma semelhante, as confissões exibicionistas de pecado daqueles que descarregam seu moralismo ao associá-lo à palavra "rearmamento" [*Aufrüstung*] são muito atrativas para as massas, porque o conceito de pecado, sem vínculo com o dogma teológico, não tem mais nenhuma substância. O caráter específico do tabu reforça-se com isso. Se os tabus primitivos, motivados pela proibição do incesto, eram irresistíveis porque a força recalcante desta excluía qualquer fundamento, então os tabus sexuais se tornam muito mais fortes no estado do esclarecimento, ao mesmo tempo total e inibido, desde quando não possuem mais nenhuma *raison d'être* para aqueles que ainda os obedecem. A proibição como tal absorve as energias que outrora fluíram para ele de fontes já exauridas. A própria mentira inscrita no tabu torna-se um momento de sadismo, que atinge a vítima escolhida e lhe indica maliciosamente que seu destino seja devido, não ao delito, mas à sua alteridade – por mais contingente que seja –, ao seu desvio da coletividade, ao seu pertencimento à menoridade diretamente designada. Entretanto, os tabus hoje, segundo seu conteúdo, não são novos, mas sim imitação de antigos. Estes, profundamente incrustados no tesouro das representações, são aproveitados pelos poderes manipuladores. A partir de cima, são novamente despertados. Até sua palidez imitativa serve à repressão: ela permite direcionar a velha e acumulada indignação contemporaneamente a qualquer coisa possível, desconsiderando, em alguma medida, sua qualidade: alteridade como // tal é o inimigo escolhido. A pesquisa empírica deveria investigar como se podem mobilizar tabus semiesquecidos e, em alguma medida, socialmente superados. Por vezes permanece em aberto se a fúria da qual se serve a demagogia da moralidade é, de forma primária e imediata, a que se dirige às frustrações eróticas. É admissível que ela se relacione a uma constituição global da vida contemporânea. Na liberdade formal, cada indivíduo é sobrecarregado com uma responsabilidade que ele, já no plano antropológico, dificilmente pode sustentar, enquanto, através da desproporção entre instituições todo-poderosas e o âmbito de ação restrita do indivíduo, este incessantemente se sente de forma objetiva sobre-exigido e ameaçado; uma ameaça na qual se esconde, certamente, mas tornada irreconhecível, a antiga ameaça da castração. O despertar dos tabus é possível pelo fato de o sofrimento social – segundo a medida psicológica: o do eu – ser recalcado e deslocado para o sexo, a dor arcaica. Assim, este se torna, em extrema contradição com a superfície, um ponto nevrálgico social; os tabus sexuais são, atualmente, mais fortes do que todos os outros, até mesmo os políticos, por mais que estes sejam tão enfaticamente martelados.

A esfera pública ressoa com explicações sobre a nova moral sexual que ora a acolhem, ora a lamentam. Elas são muito aparentadas às teses atuais de que não haveria mais ideologias, teses que fornecem ao obscuro cinismo uma consciência esclarecida e condenam como anacrônica toda representação que aponte para além das condições existentes. Que, entretanto, apesar de todos esses pontos de vista, os tabus não tenham sido eliminados, pode-se ler nas formas do espírito objetivo, nas regras de jogo explícitas e nos costumes, mais ainda na esfera do direito. Em toda parte as prostitutas são perseguidas, enquanto permaneciam com alguma liberdade na era de uma suposta repressão sexual mais rígida. Que não se precisaria mais de prostitutas após se alcançar a emancipação é um pretexto mendaz e falacioso. Em nada ajudaria aos zelotes fundamentar suas atitudes com aquela mesma liberdade dos costumes que eles gostariam de revogar novamente. A técnica das batidas policiais; o fechamento de bordéis, que rebaixam eles mesmos a prostituição à ignomínia que se reprova nela; // o fervor que toma qualquer parte da cidade como especialmente ameaçada, para então se indignar com o acúmulo excessivo de prostitutas lá para onde precisaram fugir – como os judeus, elas não devem ter um lugar permanente –, tudo isso testemunha uma mentalidade que vocifera contra a humilhação de Eros, mas faz tudo para humilhá-lo mais uma vez, para condená-lo à infelicidade. A prostituta, imagem daquilo que a inexperiência e a inveja concebem como vício, é identificada indubitavelmente, em grande medida, com a pulsão parcial. Ela fornece perversidade, em espantosa contradição com a forma empobrecida e frustrante de ganhar a vida em que se tornou a prostituição em uma sociedade de casas de vidro que desinfeta todos os esconderijos. Não é necessário alimentar nenhuma ilusão sobre o âmbito *off limits* [de acesso proibido], e, entretanto, as prostitutas, que durante esse tempo se tornaram tão repulsivas quanto a inveja da sociedade as imagina e as trata, devem ser defendidas como representantes não intencionais de uma outra possibilidade do sexo contra a vergonha da moralidade. O que esta produz como argumentos – a saber: os danos que elas produzem e a repulsão que incitam – é irrelevante; ninguém precisa permanecer junto a elas se não quiser vê-las, e não as veria de forma alguma se os bordéis fossem tolerados. É incerto o quanto avistar uma garota de rua traz de novidade para o jovem, a quem são dedicadas imagens de banca de jornal; é fictício o dano que tal visão poderia proporcionar. É ridículo e repulsivo um quiproquó como aquele que ocorreu quando um pastor protestante prometeu acabar com a prostituição em um bairro de uma grande cidade através de pregações e assembleias, em vez de limitar sua vida noturna às músicas noturnas ao gosto dele e de seus semelhantes feitas para eles recalcarem o quanto quiserem; mais inadmissível ainda foi que os donos de bordéis, em vez de desconsiderarem isso, de acordo com sua própria tradição, atiraram no pastor em seu apartamento. Um grave perigo para os costumes públicos foi, entretanto, que no fim as explicações da polícia disseram que aqueles disparos não teriam relação com a cruzada moral. Em uma sociedade que fosse, mesmo que remotamente, madura, tal como sua constituição supõe, a publicidade teria que tornar impossíveis tais acontecimentos. Diz algo sobre o estado geral o fato de coisas semelhantes ocorrerem e serem disseminadas na imprensa, // sem que ninguém perceba o aspecto absurdo. Entretanto, seria ilusório nos consolarmos com o fato de que uma minoria retrógrada e fanática impõe suas vontades à maioria de forma ruidosa; a moralidade deixada à solta não poderia frequentar a prostituta e provocar aquele escândalo que ela demonstra sentir, caso a estrutura pulsional da população não harmonizasse com ela. É inequívoco que na Alemanha, onde se teriam milhares de motivos para se evitar a perseguição de grupos indefesos, continue a crescer ininterruptamente a perseguição às prostitutas. Pode ser plausível desculparem-se casos particulares em que assassinatos de prostitutas fiquem sem punição; a frequência de tais casos não esclarecidos, entretanto, quando comparada com a presteza da Justiça em delitos patrimoniais, exprime que o poder social, mesmo que inconscientemente, deseja a morte daquelas que falsamente representam para ele a incorporação do prazer que não deve existir.[4] Provavelmente,

---

4 Como ilustração do modo como a aversão ao prazer se sedimentou nas definições jurídicas: a formulação do conceito "atentado ao pudor", derivada do *Reichsgericht* [Suprema Corte Alemã até 1945] e adotada pelo *Bundesgerichtshof* [Suprema Corte Federal após 1945]. De acordo com esta definição jurídica, deve-se compreender como atentado ao pudor todas as ações que, objetivamente, segundo uma concepção sadia, ferem o sentimento de vergonha e de moralidade na relação sexual, e, subjetivamente, são praticadas com intenção lasciva.

a caça às prostitutas é favorecida não *apesar* de uma situação em que as relações extraconjugais se tornaram a regra, mas precisamente *por causa* dessa situação: as mulheres, que em meio a toda emancipação profissional sempre terão que suportar seu fardo social extra, sentem, também sob uma tolerância tácita, o tabu que as pode atingir a todo momento: por exemplo, através do artigo jurídico do lenocínio, ampliado de forma absurda, ou quando elas engravidam. Isso gera sede de vingança. Conta também como parte da dinâmica desesperançada do que a sociologia gosta de chamar de "relações humanas" o fato de os submetidos à opressão tentarem transferi-la a outros grupos mais fracos ou reproduzirem irracionalmente o ódio. Um dos grupos preferidos como alvo, distinguido por sua impotência, é a prostituição. A prostituição tem que pagar não apenas pelo rancor dos homens em relação à monogamia oficial, da qual sempre viveu, mas também, além disso, pelo rancor das mulheres, que frequentemente entram em relações contra sua vontade — pelo fato de isso fazer parte de sua existência —, sempre lamentando aquilo para o qual a sociedade burguesa as designou há séculos, e ainda secretamente alimentam a vontade nada incompreensível de obter segurança e reputação através do casamento. Na sobrevivência dos tabus sexuais, confirma-se que a perseguição não torna nada melhor; nem para as mulheres integradas às profissões burguesas, pois lhes são recusadas as vantagens burguesas na vida privada, nem para as que estão fora do mercado de trabalho. De todos os efeitos ruins da repressão sexual obscurecidamente não reconhecida, esse talvez seja o mais nefasto. Ele se torna especialmente evidente em um tipo de homossexual em que o entusiasmo pela virilidade se emparelha ao entusiasmo pela disciplina e pela ordem, e que está disposto, com a ideologia de um corpo nobre, para a fúria contra outras minorias, por exemplo, dos intelectuais. O abominável artigo jurídico contra os homossexuais foi mantido e assegurado na Alemanha libertada no pós-guerra. A atenuação que permite pelo menos ao culpado menor de idade não ser condenado torna-se com facilidade um presente ao chantagista. Não é o caso de se argumentar contra os artigos jurídicos contrários aos homossexuais, mas apenas recordar sua ignomínia. Apontemos somente um aspecto menos observado da rejeição aos homossexuais, o qual opera como um estigma da sexualidade que não se orienta a fins.[5] Muitos podem dizer que os homossexuais, enquanto não abusarem de menores de idade e de pessoas dependentes, permanecem, na prática, bem menos importunados do que antes. Ora, é um contrassenso que uma lei se justifique por não ser aplicada, ou por o ser em pouca medida; não precisamos delinear o que esses esquemas conceituais envolvem para a segurança jurídica e para a relação dos seres humanos com a ordem legal. Se, entretanto, os homossexuais forem realmente menos atingidos, a atmosfera continuada de discriminação legal necessariamente os submeteria a uma opressão angustiante. Aceitando-se, porém, a doutrina psicanalítica de que muitas vezes a homossexualidade seria neurótica, produto de uma decisão dos conflitos infantis que impediriam a assim chamada resolução normal do complexo de Édipo, então, segundo a lei psicológica do apoio, a opressão socialmente legal, mesmo que de forma mediada, // perpetuará e reforçará as neuroses.

---

5 O sentido da expressão original, *zweckentfremdeter Sexualität*, é o de que se trata de uma sexualidade não definida por contribuir para a finalidade de reprodução. (N. T.)

Podem-se encontrar muitas pessoas talentosas culturalmente entre os homossexuais; de um ponto de vista psicogenético, provavelmente porque eles interiorizaram aqueles traços da mãe (em virtude de sua extrema identificação com ela) que a opõem ao pai, o representante do sentido prático de realidade. Se minha observação não me engana, então é exatamente entre os homossexuais culturalmente talentosos que se evidencia especialmente o aprisionamento psicológico de sua produtividade, a incapacidade de realizar aquilo de que eles seriam capazes. Seguramente tomam parte nesse estado de coisas a permanente opressão angustiante e a proscrição social, que tanto inspira a legislação quanto é reforçada por ela. Através do artigo jurídico contra os homossexuais, a sociedade tende, também na esfera legal, ao mesmo que em inumeráveis outras, ou seja, à destruição das forças espirituais. Onde pelo menos o tabu social contra a homossexualidade é mais brando, por exemplo, em muitas sociedades aristocráticas fechadas, os homossexuais parecem menos neuróticos, menos deformados caracterologicamente do que na Alemanha.

O tabu mais forte de todos, entretanto, é atualmente aquele cuja palavra-chave é "menor de idade", e que já havia se alastrado quando Freud descobriu a sexualidade infantil. O sentimento de culpa universal e fundamentado do mundo adulto não pode prescindir, como sua contraparte e refúgio, do que ele chama de inocência das crianças, e, para defendê-la, todos os meios são apropriados. É universalmente conhecido que os tabus se tornam tanto mais fortes quanto mais quem se submete a eles deseja inconscientemente aquilo a que se dirige a punição. O motivo para o complexo da menoridade deveria residir em moções pulsionais poderosas em um grau incomum, das quais ele se defende. É necessário pensá-lo em conjunto com o fato de que no século XX, possivelmente a partir de uma homossexualização inconsciente da sociedade, o ideal erótico se tornou infantil, tornou-se o que se denominou com um arrepio malicioso, há trinta ou quarenta anos, a "menina-mulher". O sucesso de *Lolita*, que não é lascivo e, além disso, possui demasiada qualidade literária para um *best-seller*, somente seria explicável pela força daquela *imago*. Provavelmente, essa fantasia rejeitada possui também seu aspecto social, a aversão acumulada contra um estado que segrega // temporalmente a puberdade e a autonomia dos seres humanos. Lolita, Tatjana e *Baby Doll* têm como complementos as associações que adorariam colocar em cada *playground* uma policial eticamente madura atrás de cada criança, protegendo-as da maldade que os adultos espreitam. Se um filho na poesia de Theodor Fontane "Herr von Ribbeck auf Ribbeck im Havelland" presenteasse as meninas com peras, então sua humanidade se tornaria imediatamente suspeita.[6]

Essa zona que tocamos é melindrosa em virtude não apenas dos violentos afetos que são liberados tão logo não compartilhemos da opinião dominante, mas também da inegável função de defesa prestada pela lei. Evidentemente, é preciso evitar que

---

6 Trata-se de um poema escrito por Theodor Fontane em 1889, que conta a história do Senhor de Ribbeck, que presenteava as crianças com as peras de uma árvore em seu jardim. Seu filho, entretanto, era avarento. Quando o pai pressente que sua morte está próxima, pede que seja enterrado com uma pera. Seu filho então recusa as frutas do jardim a todas as crianças, mas quando a árvore nascida no túmulo do pai cresceu e começou a dar frutos em alguns anos, as crianças novamente puderam se servir das peras, embora ainda não tivessem acesso às do jardim. (N. T.)

ocorra violência com as crianças ou que algum tutor de qualquer espécie abuse de sua posição e obrigue seus dependentes a servir à sua vontade. Se um homem que comete atentados sexuais contra crianças deve permanecer livre porque os pais dele o acolheram e lhe deram um emprego – como se uma coisa tivesse a ver com a outra –, logo daremos razão até mesmo a organizações fanáticas por pureza que processam as autoridades: estas realmente podem ser responsabilizadas, devido à sua negligência, pelo fato de o referido homem ter matado uma menina pouco tempo depois. Em torno deste núcleo de verdade, porém, aglutinou-se uma massa de representações que deve ser primeiro examinada, em vez de um furor sagrado bloquear toda reflexão mais profunda. São hipotéticas, por exemplo, as consequências supostamente perigosas de se ler e assistir pornografia. É tolice e uma intervenção na liberdade pessoal impedir o acesso de adultos à pornografia, na qual encontram prazer. Em menores de idade, os efeitos prejudiciais e sua natureza deveriam primeiro ser estabelecidos: distúrbios neuróticos, fobias, conversões histéricas ou o que quer que seja. O despertar do interesse pelo sexual, que de qualquer forma na maioria das vezes já existe, não pode ser difamado como prejudicial, a não ser que fosse tão radical a ponto de condenar o sexo enquanto tal – uma postura que dificilmente encontraria adeptos hoje em dia, e da qual os apóstolos da moralidade costumam se abster. Propriamente como não mutilado e não recalcado, o sexo em si não faz mal a ninguém. Não se deveria dizer isso sem alguma qualificação, // e sim perscrutar a lógica da legislação e seu emprego. Em vista dos danos atuais e potenciais que hoje são causados à humanidade por seus governantes, a necessidade de proteção sexual possui algo de insano, mas quem ousa dizer isso abertamente está em menor número do que quem protesta contra instituições sociais tão prestigiadas quanto a guerra bacteriológica e atômica.

Nas leis de proteção aos menores de idade, haveria de se provar pelo menos se eles são realmente vítima de violência ou de manobras pérfidas de ilusão, ou se eles mesmos não se encontram já em um estado que a lei se permite indevidamente inibir, e se eles mesmos não provocaram seu abuso por prazer com o fato, talvez até mesmo para fazer chantagem. Por exemplo, um garoto de programa que mata e rouba seus clientes e diz em juízo que agiu por asco perante as coisas que seriam exigidas dele possui a perspectiva de encontrar juízes lenientes. A proteção de pessoas dependentes é também sumária demais. Se a prática seguisse integralmente a letra da lei, não haveria espaço suficiente nas prisões para toda a quantidade de delinquentes; isso por si só certamente não é um argumento, mas é, de qualquer forma, um indício. Além disso, as determinações vigentes devem permitir uma relação entre um cineasta e sua atriz, mas proibir entre o diretor de espetáculo e uma funcionária da administração. Racionalmente, os referidos artigos jurídicos deveriam ser modificados de tal forma a serem aplicados apenas aos casos em que os superiores hierárquicos aproveitam-se de sua posição de comando perante seus subordinados, ameaçando-os real e comprovadamente com demissão e outras desvantagens, como foi o caso com Paolo e Francesca nas leituras.[7] Uma versão cuidadosa do artigo 174 do Código Penal vigente que evite seu emprego inadequado é tanto mais

---

7 Personagens de *A Divina Comédia*, de Dante; a cena citada está em "Inferno", canto V. (N. T.)

urgente quanto precisamente ele (embora de forma alguma seja o único entre os artigos ligados à moralidade) nos instiga, como é chamado pelo moderno jargão alemão bem consciente da tradição, a disparar contra quem é indesejável tanto na esfera política quanto em outras.

Em geral, a legislação não deveria ser apenas suavizada. // Muita coisa deveria ser reforçada, principalmente artigos dirigidos contra delitos de brutalidade. Tal como Karl Kraus percebeu, sempre se punem com mais rigor as carícias não consentidas em menores de idade do que os castigos brutais, que levam quase à morte, impingidos por pais ou professores. Se alguém comete um ato de violência brutal quando embriagado, sua condição será tomada como atenuante, como se residisse no íntimo do *esprit des lois* [espírito da lei] o código de conduta de que a embriaguez não apenas é tolerada como excesso, mas também exigida como prova de virtude masculina. Ao se asseverar que motoristas levemente embriagados – os quais, aliás, estão em posse de seus sentidos normais – não teriam praticado um delito irrelevante ao atropelar e matar alguém, está se demonstrando apenas o quanto está enraizada a tendência de ver seu delito como irrelevante, e isto deveria também se refletir na definição jurídica. Os costumes alemães ligados aos automóveis em geral, ao contrário dos países anglo-saxões e também românicos, certamente pertencem àquelas peculiaridades nacionais em que perdura visivelmente algo do espírito da Alemanha de Hitler: o menosprezo da vida humana, sobre a qual uma velha ideologia alemã já havia incutido nos estudantes do *Gymnasium* a ideia de que ela não seria o mais elevado dos bens. O que outrora foi desprezado como meramente empírico em contraste com a majestade da lei moral, agora, no decurso do desenvolvimento de uma sociedade orgulhosa de ter se livrado das ideologias, é desprezado por força de impulsos de autoconservação mais primitivos, do ímpeto de avançar em um sentido não metafórico, da incorporação de uma vontade sadia de sucesso. Não é possível, entretanto, que as coisas se passem de forma totalmente não ideológica: onde outrora vigorava a lei moral, cuida-se hoje para que se respeite a ordem no trânsito; a precondição para se matar alguém com boa consciência é a luz verde do semáforo. De forma análoga, a psicologia social cunhou o conceito de legalitário [*Legalitäre*] no estudo dos costumes nacional-socialistas. Assassinatos planejados foram encobertos por quaisquer expedientes, mesmo que fosse *post festum* [posteriormente], na medida em que os representantes do povo os declarassem de acordo com a lei. A brutalidade do trânsito tem tanta necessidade legalitária quanto a da perseguição de vítimas e infrações inocentes. O pacto com a brutalidade, com os instintos oprimidos onde eles se harmonizam com as formas sociais institucionais, acompanha fielmente o canto de ódio contra as pulsões parciais. // Por princípio e com um inevitável exagero, seria de se dizer *que no direito e nos costumes encontra toda simpatia com aquilo em que se prolongam os comportamentos da repressão social — em última instância a violência sádica —, enquanto se reage impiedosamente contra modos de comportamento que se opõem à ordem social violenta.* Uma reforma do Código Penal, que merecesse esse nome e que aqui e agora não se vislumbra, seria emancipada do espírito do povo, daqueles *faits sociaux* [fatos sociais] que Durkheim quis reconhecer por serem dolorosos.

A questão por decisões jurídicas mais rigorosas ou suaves, em que as ações são resultantes de conflitos entre o eu e o isso, orienta-se pela controvérsia sobre a liberdade da vontade. Na maior parte das vezes, os partidários da liberdade da vontade se decidem pela teoria da retribuição, na qual Nietzsche se aprofundou, ou por penas rigorosas; os deterministas, pela teoria da educação (prevenção específica) ou da dissuasão (prevenção geral). Esta alternativa é fatal. Provavelmente, a questão pela liberdade da vontade não é de forma alguma solucionável de forma abstrata, ou seja, através de construções ideais do indivíduo e seu caráter existente puramente para si, mas sim apenas na consciência da dialética entre indivíduo e sociedade. A liberdade, mesmo a da vontade, teria ainda que se efetivar, não deve ser suposta como positivamente dada. Por outro lado, a tese geral do determinismo é exatamente tão abstrata quanto a do *liberum arbitrium*: a totalidade das condições, a partir das quais, segundo o determinismo, os atos da vontade dependem, não é conhecida, constitui ela mesma uma ideia e não deve ser tratada como uma grandeza disponível. A filosofia, mesmo em sua mais alta elevação, não ensinou uma ou outra, pois exprimiu a antinomia desse estado de coisas. Talvez o melhor modelo desse posicionamento seja a teoria de Kant, de que todas as ações seriam determinadas pelo caráter empírico, o qual, entretanto, originalmente é posto pelo caráter inteligível, proveniente de um ato da liberdade – por mais difícil que seja conceber que o sujeito poderia dar a si mesmo seu próprio caráter. Por outro lado, a psicologia demonstrou os determinantes da formação do caráter na primeira infância, com os quais // a filosofia alemã do final do século XVIII nem sequer podia sonhar. Entretanto, quanto mais momentos do caráter precisam ser atribuídos à esfera empírica, tanto mais vago e inapreensível se torna o caráter inteligível, ao qual tudo deve ser referido. Ele, provavelmente, não deveria ser determinado como psique individual, mas apenas como a constituição subjetiva de uma união de seres humanos objetivamente livres. Tudo isso arruína a filosofia tradicional, em que a jurisprudência busca seus fundamentos para o debate sobre direito penal. Em função disso, o arbítrio de uma mera visão de mundo se infiltra facilmente como instância suprema; que alguém tenda ao determinismo ou à doutrina da liberdade da vontade, isso depende da opção que terá feito, sabe Deus por quais motivos. Enquanto a cientificização do mundo progride tão impiedosamente que os cientistas se apropriam de todo conhecimento possível, uma disciplina como a jurisprudência, que tanto se orgulha de seu rigor científico, escolhe como critério em um lugar central o *common sense* [bom senso], com toda a obscuridade que lhe é inerente, descendo até a percepção popular sadia e a opinião média. Isso fornece passagem àqueles instintos destrutivos que a psicologia descobriu como responsáveis pela necessidade autoritária de punir, precisamente onde a exigência de racionalidade na jurisprudência se torna enfática, onde ela ultrapassa seu âmbito institucional já solidificado. A contradição, porém, na qual a filosofia se enreda – que sem a ideia de liberdade a humanidade não pode ser pensada, mas que os seres humanos reais não são livres nem por dentro e nem por fora –, é motivada concretamente, não sendo nenhum fracasso de metafísica especulativa, mas sim culpa da sociedade que os impele também para a não liberdade interior. A sociedade é o verdadeiro determinante, e sua instituição é, ao mesmo tempo, o potencial de liberdade. Após o declínio da grande filosofia, que se tornou completamente consciente do momento objetivamente social da liberdade subjetiva, a antinomia que ela olhou face a face rebaixou-se a *slogans* isolados e falsamente antitéticos: por um lado, ao esvaziado *páthos* de liberdade de declarações oficiais, o qual, na maioria das vezes, somente se presta a favorecer a não liberdade, ou seja, as ordens autoritárias; por outro lado, ao rígido e abstrato determinismo, // que não vai além de meramente asseverar a determinação e, na maioria das vezes, não alcança os verdadeiros determinantes. No centro da controvérsia da filosofia moral e jurídica, repete-se a luta imaginária entre absolutismo e relativismo. É falsa a separação imediata entre liberdade e não liberdade, embora ela mesma ainda tenha seu momento de verdade, como expressão deturpada da separação real dos sujeitos entre si e perante a sociedade.

O determinismo consequente, na medida em que exprime fielmente a não liberdade dos seres humanos no estado de coisas atual, não teria nada válido a opor à práxis de Auschwitz. Assim, ele esbarra na fronteira que nem é ultrapassada pela filosofia substitutiva dos assim chamados valores, nem pode ser dissolvida na mera subjetividade do âmbito moral. Essa fronteira marca o momento diferenciador inexpugnável na relação entre teoria e práxis. A práxis não se equipara ao pensamento autárquico e imobilizado: a hipóstase da teoria, tanto quanto da práxis, é ela mesma uma parte da inverdade teórica. Quem ajuda um perseguido tem mais razão do que quem se demora na contemplação, questionando-se se existe ou não um direito natural eterno, apesar de a prática moral necessitar de toda consciência teórica. Nesse sentido, o princípio fichteano da moralidade de que ela se compreende por si possui também sua razão, apesar de seu caráter duvidoso. A filosofia que exige demais de si perante a práxis, de tal maneira a obrigar esta última a uma total identidade com ela, é tão falsa quanto a práxis decisionista que descarta a reflexão teórica. O sadio entendimento humano, que simplifica isso para ter à mão algo utilizável, elimina a vida da própria verdade. A filosofia não deve ser transformada hoje definitivamente em legislação e procedimentos jurídicos. A estes cabe alguma modéstia, não apenas porque não estão à altura da complexidade filosófica, mas também em função do nível teórico de seu discernimento. Em vez de trair a questão pela falsa profundidade ou pela radical superficialidade através de um pensamento alegremente inconsequente, a jurisprudência precisaria, antes, alcançar o nível mais avançado do saber psicológico e social. Chegando até o tolhimento do pensamento desregrado, a ciência ocupa // totalmente o campo da consciência ingênua; mas naquele que a jurisprudência toma como seu domínio, a ciência de fato possui muito mais dados sobre a sociedade e a psicologia do que é conhecido pelos especialistas jurídicos. Estes combinam uma sistemática pedantemente lógica a um modo de comportamento intelectual, que funciona como se a ciência não tivesse produzido nada de valioso sobre os determinantes da ação e como se cada um pudesse por si mesmo escolher uma filosofia que lhe seja adequada para, então, substituir o conhecimento atualmente disponível por uma atividade espalhafatosa de conceitos autoproduzidos. Em geral, pode-se arriscar a hipótese de que a filosofia mobilizada para fins auxiliares – o que hoje em dia pode ser apontado, antes de tudo, na ontologia existencial – exerce um papel tão somente reacionário. Em contraste com isso, as descobertas psicanalíticas não diluídas deveriam ser aplicadas aos tabus e à legislação sexuais: torná-las produtivas para a pesquisa criminológica. Sem pretender uma total sistematização, enumeremos algumas investigações possíveis.

1. Deveria ser feita uma pesquisa representativa com questionários centrada na relação entre preconceitos sexuais e fantasias de punição, por um lado, e entre predisposições ideológicas e tendências de tipo autoritário, por outro. Seria possível partir da assim chamada Escala-F[8] de *A personalidade autoritária*; só que se deveria organizar o instrumento de pesquisa a ser aplicado segundo as diversas dimensões das perspectivas sobre o sexual. Merece ser salientado que, na época dessa pesquisa nos Estados Unidos, os itens dos questionários relacionados a esta área se mostraram os mais agudamente seletivos, e isso até agora também se repetiu nas tentativas de reformular aquela escala norte-americana de acordo com as condições da situação alemã.

2. Durante um curto período de tempo, e talvez de forma aleatória, deveriam ser escolhidos fundamentos de decisões jurídicas em processos ligados à moralidade, e os pontos de vista decisivos, bem como a estrutura da argumentação, deveriam ser identificados e analisados. Tanto as categorias prevalecentes quanto a lógica da demonstração de provas deveriam ser confrontadas com as descobertas da psicologia analítica. Deve-se levar em conta que as fundamentações jurídicas encontradas aqui // são muitas vezes do mesmo tipo que aquelas recorrentes notícias de jornais, por exemplo: "o corpo da pensionista social X foi encontrado à margem do rio. Trata-se de suicídio. Admite-se que o motivo foi depressão psíquica".

3. Uma amostra representativa de prisioneiros condenados por ofensa ou crime sexuais deveria ser investigada psicanali-

---

8 Trata-se da gradação de comportamento e disposição autoritários ("F" refere-se a "fascismo"), empregada nas pesquisas empíricas do Grupo de Estudo de Berkeley na população dos Estados Unidos. (N. T.)

ticamente durante o tempo na prisão. As análises deveriam ser comparadas com as fundamentações das sentenças jurídicas, de modo a reexaminar sua consistência.

4. A estrutura categorial das referidas leis penais deveria ser analisada criticamente. Nesse momento, não se deveria trazer de fora um ponto de vista já estabelecido: as leis deveriam ser investigadas tão somente em função de seu rigor lógico imanente. O direcionamento do que se espera encontrar é delineado, por exemplo, pelo conceito de culpabilidade parcial, que permite haver o disparate de primeiro enviar uma pessoa para a prisão ou espaço correcional por considerá-la imputável, e depois enviá-la ao hospício por considerá-la inimputável.

5. Para o direito relacionado à sexualidade, mereceriam ainda um estudo próprio alguns aspectos relevantes do Código de Processo Penal. Assim, em todos os casos em que o réu seja acusado de atentado ao pudor, deveria ser conferida especial importância aos relatos policiais referentes à situação frequentemente confusa na qual o delito foi praticado. Há muitos elementos sugerindo que tais relatos são frequentemente produzidos sob a pressão contra réus intimidados em meio a uma batida policial. Certamente, muitos deles não têm clareza sobre o significado das declarações que fazem aos policiais. Que o acusado não possa contar com um advogado durante as investigações preliminares também dificultará muito sua defesa; isto deveria ser investigado.

6. Processos individuais não necessariamente relativos à moralidade de forma imediata, mas em que se toca em questões sexuais, deveriam ser examinados em detalhe com vistas ao modo com que aquelas questões influenciaram o decurso do processo e possivelmente a formação da sentença. O passado

recente oferece o caso de Vera Brühne. Pode-se cogitar que apareçam conexões entre uma dura sentença pronunciada com base // em indícios pouco rigorosos e os elementos eróticos que se exprimiram durante o processo, mesmo não possuindo nenhuma conexão plausível com o assassinato. Certamente entra em jogo, de forma latente, a concepção indefensável de que uma mulher com uma vida sexual libertina poderia também cometer um assassinato.

7. Conceitos dogmáticos, que assombram a legislação ainda hoje, tais como percepção popular sadia, concepção universalmente válida, moral natural e semelhantes deveriam ser salientados e analisados por eruditos familiarizados com a filosofia. Especial atenção deveria ser dada ao *more iuridico* [procedimento jurídico] de fundamentações racionalistas de ações que, na verdade, decorrem segundo leis da irracionalidade psicológica.

8. Tendo consciência das dificuldades inquestionavelmente significativas que encontramos no caminho de tal empreendimento, investigações empíricas deveriam tornar visível se certas ações e modos de comportamento, a que se atribuem tacitamente efeitos prejudiciais à juventude, comprovadamente provocam danos. Os exibicionistas (não raramente apresentados como monstros) são, na maioria das vezes, caso se dê crédito à psicanálise, realmente inofensivos e não perigosos. Eles não fazem mais do que procurar compulsivamente sua triste satisfação, e certamente pertencem mais ao tratamento do que à prisão. O dano psíquico, entretanto, que eles poderiam ocasionar aos menores de idade que os observam é inicialmente apenas afirmado. Não é completamente comprovado, embora seja possível que encontros com exibicionistas provoquem distúrbios psíquicos em crianças; em todo caso, não parece por

demais forçada a hipótese de que muitas mulheres e garotas, por motivos psicogênicos, inventem ou, tal como a psicanálise denomina, fantasiem retrospectivamente experiências amorosas com exibicionistas; tal situação é universalmente conhecida pela criminologia através do relato de testemunhas. Algo parecido deveria valer para o efeito que as assim chamadas apresentações obscenas ocasionam nos jovens. Sugiro que um grupo de jovens que tenha lido qualquer livro precisamente condenado como indecente seja questionado em relação a diversas dimensões de seu estado espiritual e psíquico, de suas ideias sobre moral, erotismo e também sobre sua situação pulsional, e de forma análoga para um grupo-controle de jovens que não conhecem o livro. Especial // atenção deveria ser dada à questão de se não se trata de grupos autosseletivos, ou seja, se aqueles que leem aquele livro já não seriam mais experientes ou mais interessados sexualmente do que aqueles que não leem. É de se esperar claramente que tais investigações se mostrem irrealizáveis na prática, ou que não se consiga desenvolver um método que certifique os resultados e os torne inequívocos. Isso por si só, entretanto, teria valor cognitivo: já apenas o fato de que os supostos prejuízos não podem ser comprovados nem negados deveria incitar a legislação a proceder com extremo cuidado ao empregar o conceito daquele dano.

9. Sobre a questão da sobrevivência dos tabus sexuais nos costumes populares, deveria ser feito um estudo sobre o que, segundo as prescrições e regras do autocontrole espontâneo da indústria cinematográfica, é eliminado de carícias, exibições e supostas obscenidades, e o que, em contrapartida, é permitido dentre o que é seriamente prejudicial, como modelos de ações sádicas, crimes violentos e assaltos tecnicamente perfeitos; en-

tretanto, a indignação com a crueldade não raramente se associa à indignação sexual. Nos Estados Unidos, chamou-se a atenção para essa desproporção acachapante entre proibido e permitido já há dez anos, sem que a práxis tenha se alterado desde então: os tabus sexuais vigoram tão robustamente quanto a conivência social com o princípio da violência.

Teses sobre a necessidade

1. A necessidade[1] é uma categoria social. A natureza, a "pulsão", está contida nela. Os momentos natural e social da necessidade, entretanto, não se deixam distinguir um do outro como secundário e primário, de modo a construir uma hierarquia de satisfações. A fome, concebida como categoria natural, pode ser saciada com gafanhotos e bolos de mosquito, que muitos selvagens apreciam. Pertence à satisfação da fome concreta dos civilizados que eles aceitem comer alguma coisa da qual não sintam nojo, e tanto neste quanto em seu contrário está refletida toda a História. Assim ocorre com todas as necessidades. Toda pulsão é tão mediada socialmente que

---

[1] A palavra alemã *Bedürfnis*, que traduzimos ao longo do texto por "necessidade", poderia também ser traduzida por "carência", de modo evitar uma possível confusão com *Notwendigkeit*, que sempre é traduzida como "necessidade", no sentido não apenas de falta, mas também de necessidade lógica, matemática, física etc. Nossa opção se deve ao propósito de afastar a conotação por demais psicológica de um estado emocional ou subjetivo de carência, apontando, em vez disso, para um plano de realidade anterior, mais fundamental, que nos parece claramente ser o caso no texto. (N. T.)

sua dimensão natural jamais aparece de imediato, mas sempre como produzida pela sociedade. A invocação da natureza perante qualquer necessidade é sempre meramente a máscara de frustração e dominação.

2. A diferenciação entre necessidades superficiais e profundas é uma ilusão [*Schein*] criada socialmente. As assim chamadas necessidades superficiais refletem o processo de trabalho que torna os seres humanos "apêndices da máquina" e que os constrange a se reduzir, fora do tempo de trabalho, à reprodução da mercadoria força de trabalho. Aquelas necessidades são as marcas de um estado que compele suas vítimas à fuga e, ao mesmo tempo, as mantém em seu poder de forma tão forte que a fuga sempre degenera na repetição desesperada do estado do qual se foge. Nas assim chamadas necessidades superficiais, o ruim não é sua superficialidade, cujo conceito pressupõe o conceito questionável de interioridade. Ruim, nessas necessidades – que na realidade não são necessidade alguma –, é que elas se dirigem a uma realização [*Erfüllung*]² que simultaneamente as engana quanto a si mesma. A mediação social da necessidade // – como mediação através da sociedade capitalista – alcançou um ponto onde a necessidade cai em contradição consigo mesma. É a esse

---

2 A tradução de *Erfüllung* por "satisfação" tornaria o texto mais claro, mas nos parece importante manter o contraste com *Befriedigung*, que normalmente é traduzida por "satisfação". Nossa alternativa nos parece justificada ao tomarmos como referência a definição de Freud do sonho como "realização de um desejo", em que a palavra empregada é *Erfüllung*, e não *Befriedigung*, ou seja, o sonho não se qualifica por satisfazer propriamente um desejo, mas sim o realizar, gerando graus e formas distintas de satisfação em cada caso. (N. T.)

estado de coisas que a crítica deve se dirigir, e não a qualquer hierarquia preestabelecida de valores e necessidades.

3. As assim chamadas necessidades profundas são, por sua vez, em larga medida, produtos do processo de frustração e realizam uma função desviante. Colocá-las em contraposição às superficiais já é questionável, pois há muito o monopólio já se apropriou tanto do que há de profundo quanto de superficial. A sinfonia de Beethoven conduzida por Toscanini não é melhor que o próximo filme de diversão, e cada filme com Bette Davis já é a síntese. Precisamente essa síntese merece a mais extrema desconfiança.

4. A teoria da necessidade se confronta com dificuldades relevantes. Por um lado, ela representa o caráter social da necessidade e, por isso, a satisfação das necessidades em sua forma mais imediata e concreta. Ela não pode se colocar *a priori* nenhuma diferenciação entre necessidade boa e ruim, autêntica e fabricada, correta e falsa. Por outro lado, ela tem que reconhecer que as próprias necessidades subsistentes em sua forma atual são o produto da sociedade de classe. Em nenhuma necessidade se deve separar claramente o que há de humano e o que advém como consequência da repressão. O perigo de a dominação se instalar nos seres humanos através de suas necessidades monopolizadas não é uma crença herética passível de ser exorcizada por excomunhão, mas sim uma tendência real do capitalismo tardio. Tal perigo se refere não à possibilidade da barbárie após a revolução, mas sim ao bloqueio da revolução pela sociedade total. A teoria dialética deve resistir a este perigo e a todas as contradições na necessidade. Ela somente o conseguirá ao reconhecer todas as questões da necessidade em sua conexão concreta com a totalidade do processo social, em vez

de sancionar a necessidade em geral, ou regulamentá-la ou até mesmo reprimi-la como herança do que há de ruim. Hoje, sob o monopólio, é decisivo o modo como as necessidades individuais se comportam perante a continuidade desse monopólio. É um desiderato teórico essencial desdobrar essa relação.

394 // 5. As necessidades não são estáticas. O caráter estático que elas hoje aparentemente assumiram, sua fixação em reproduzir o sempre igual, é ele mesmo meramente o reflexo da produção material, que assume caráter estacionário devido à eliminação do mercado e da concorrência, mas com a simultânea continuidade da dominação de classe. Com o fim desse caráter estático, a necessidade se mostrará de modo completamente diferente. A solução da contradição da necessidade é ela mesma contraditória. *Tão logo a produção se volte, de forma incondicional e irrestrita, à satisfação das necessidades, até mesmo e exatamente das que são produzidas pelo capitalismo, então as próprias necessidades se modificarão decisivamente.* A impenetrabilidade de necessidades autêntica e falsa pertence essencialmente à dominação de classe, na qual a reprodução da vida e sua repressão formam uma unidade cuja lei é de fato discernível na totalidade, mas cuja figuração individual é, ela mesma, impenetrável. Se alguma vez não houver mais monopólio, então se verá de forma suficientemente rápida que as massas não "precisam" do lixo que lhes é fornecido pelo monopólio cultural, nem da penosa qualidade de primeira classe que lhes fornecem aqueles que pertencem a esta. O pensamento de que o cinema, ao lado da moradia e da alimentação, é necessário à reprodução da força de trabalho, por exemplo, é "verdadeiro" somente em um mundo que emprega os seres humanos para a reprodução da força de trabalho e constrange suas necessidades a se harmonizarem com os interesses de dominação e de lucro dos empresários. Até mesmo neste mundo a prova do exemplo já pressupõe sua modificação radical. O pensamento, entretanto, de que uma sociedade revolucionária clamaria por atuações ruins de Hedy Lamarr ou pelas más sopas Campbell é absurdo. Quanto melhor a sopa, tanto mais prazerosa a renúncia a Lamarr.

6. Não se consegue discernir por que em uma sociedade sem classes toda a maquinaria cultural de hoje em dia deva continuar. Certamente é uma absurdidade que a crise capitalista destrua meios de produção que servem à necessidade, mas não se torna de forma alguma absurda a ideia de que, na sociedade sem classes, cinema e rádio seriam em larga medida silenciados, os quais provavelmente já hoje dificilmente servem a alguém. Isso porque o caráter em si mesmo contraditório de numerosas necessidades // conduzirá ao declínio destas, quando não forem mais inculcadas a partir de cima através de um terror direto ou indireto. É fetichista o pensamento de que o estágio das forças técnicas de produção como tais force a se continuar a satisfazer e reproduzir necessidades cuja ilusão [*Schein*] desaparece juntamente com a sociedade capitalista. Na democracia direta [*Rätedemokratie*] nem todas as rodas [*Räder*] devem trafegar: a própria exigência implica o medo perante o desempregado, que desaparece juntamente com a exploração capitalista.

7. A questão pela satisfação imediata da necessidade não deve ser colocada segundo os aspectos social e natural, primário e secundário, correto e falso; ela coincide com a questão do *sofrimento* da esmagadora maioria de todos os seres humanos na Terra. Se for produzido o que *todos* os seres humanos aqui e agora mais urgentemente precisam, então nos livraremos das preocupações sociopsicológicas demasiadamente grandes concernentes à le-

gitimidade de tais necessidades. Essas preocupações somente surgem quando grupos dirigentes e comissões todo-poderosas se estabelecem, classificam as necessidades e, sob o princípio de que o ser humano não vive apenas de pão, concede-lhe uma parte de sua ração de pão, que como ração já é sempre muito pequena, preferencialmente na forma de discos de Geschwin.

8. A exigência de produção apenas para satisfazer necessidades pertence ela mesma à pré-história, a um mundo em que se produz não para as necessidades, mas para o lucro e para o estabelecimento da dominação, e onde vigora, por isso, a escassez. Se esta desaparecer, logo a relação entre necessidade e satisfação se alterará. Na sociedade capitalista, produzir para a necessidade em sua forma mediada e, assim, fixada pelo mercado é um dos principais meios de forçar os seres humanos a fazer o que lhes é imposto. Não se deve pensar, escrever, realizar e fazer o que vai além dessa sociedade, que continua no poder através das necessidades dos que a ela se submetem. É inconcebível que a compulsão à satisfação de necessidades na sociedade sem classes permaneça como entrave à força produtiva. A sociedade burguesa privou de satisfação as necessidades imanentes a ela, // mas por isso fixou a produção no círculo de seu sortilégio através da remissão às próprias necessidades. Ela foi tão prática quanto irracional. A sociedade sem classes, que suprime a irracionalidade – na qual a produção para o lucro se enreda e satisfaz as necessidades –, também suprimirá o espírito prático, que se faz presente mesmo na ausência de fins da *l'art pour l'art* [*arte pela arte*]. Ela supera [*aufhebt*] não apenas o antagonismo burguês de produção e consumo, mas também sua unidade burguesa. Que algo seja inútil não será mais nenhum escândalo. A adaptação perderá seu sentido. A

produtividade então, apenas em sentido próprio, não dissimulado, terá seu efeito na necessidade: não na medida em que o insatisfeito se sacie com o que é inútil, mas sim que o saciado consiga se comportar em relação ao mundo sem ser regulada pela utilidade universal. Se a sociedade sem classes promete o fim da arte ao superar [*aufheben*] a tensão entre real e possível, logo ela promete, ao mesmo tempo, o começo da arte, o inútil, cuja intuição tende à reconciliação com a natureza, pois não mais está a serviço do que é útil para o explorador.

1942

Índice onomástico

A
Alexander, Franz, 14, 198

B
Baudelaire, Charles, 44
Bauer, Fritz, 199
Beckett, Samuel, 133
Beethoven, Ludwig van, 115, 231
Benjamin, Walter, 34, 103, 105, 134
Bernfeld, 116
Brühne, Vera, 226
Brunswik, Else, 149, 165

C
Charcot, Jean-Martin, 157
Coughlin, Charles, 149, 154

D
Davis, Bette, 231
Dubowitz, Margit, 119
Durkheim, Émile, 72, 219

E
Enzensberger, Hans Magnus, 200
Erikson, Erik Homburger, 15, 167

F
Ferenczi, Sándor, 23, 65, 100
Fielding, Henry, 106
Fontane, Theodor, 215
Freud, Sigmund, 14-8, 22-8, 31, 34, 43, 45-9, 51, 53, 55, 58, 60-69, 72, 83-4, 90, 95-8, 100, 102, 107-11, 113-5, 124-6, 128-32, 134, 150, 156-62, 164, 166-76, 178-80, 183, 185-9, 191-2, 200-1, 203-6, 214, 230
Freud, Anna, 19, 26-7, 114-6, 118-9, 121-2
Fromm, Erich, 15-6, 22, 55, 57, 111

G
Geschwin, George, 234
Girardi, Alexander, 146
Goebbels, Joseph, 180-1

Groddreck, Georg, 65
Guterman, Norbert, 153

H
Hartmann, Heinz, 30, 84-5, 113
Hegel, Georg, 31, 106, 187
Hitler, Adolf, 139, 144-5, 148, 154, 158, 160, 163, 170-1, 173, 178, 180, 184, 196, 204, 218
Hobbes, Thomas, 63
Horkheimer, Max, 10, 132, 153, 168, 193
Horney, Karen, 15-9, 22, 29, 44-7, 50-2, 54, 56-7, 59-61, 64, 66-7, 111
Husserl, Edmund, 12, 32, 120
Huxley, Aldous, 76

I
Ibsen, Henrik, 106, 157

J
Jones, Ernest, 33, 98
Jung, Carl Gustav, 25, 134

K
Kant, Immanuel, 101, 105-6, 220
Kardiner, Abraham, 96
Koestler, Arthur, 18, 191-5, 197
Kraus, Karl, 200, 218

L
Laforgue, Jules, 44
Lamarr, Hedy, 233
Landauer, Karl, 16, 193
Le Bon, Gustave, 110, 130, 154, 156, 158, 164, 166, 174, 180, 183, 192

Lee, McClung, 149
Leites, Nathan, 201
Lowenthal, Leo, 137, 139
Lukács, Georg, 13, 30, 72, 85, 132

M
Mandeville, Bernard, 34, 63, 103
McDougall, 156, 160, 192, 194
Mitscherlich, Alexander, 16, 127-8, 132

N
Nietzsche, Friedrich, 13, 72, 87, 104-5, 133, 170, 220
Nunberg, 15, 122, 194

P
Parsons, Talcott, 29, 30, 72-7, 79-80, 82, 84, 191
Proust, Marcel, 30, 109

R
Rank, Otto, 179

S
Sade, Marquês de, 63, 206
Simmel, Ernst, 197
Smith, Gerald, 154
Spengler, Oswald, 13, 72
Strindberg, August, 65

T
Taine, Hippolyte, 51
Toscanini, Arturo, 231

W
Weber, Max, 74, 76, 80, 91, 128
Wiese, Leopold von, 127
Wolfenstein, Martha, 201

SOBRE O LIVRO

Formato: 14 x 21 cm
Mancha: 23 x 44 paicas
Tipologia: Venetian 301 12,5/16
Papel: Off-white 80 g/m² (miolo)
Cartão Supremo 250g/m² (capa)
1ª *edição*: 2015

EQUIPE DE REALIZAÇÃO

Edição de texto
Nair Hitomi Kayo (Preparação de texto)
Tomoe Moroizumi (Revisão)

Capa
Vicente Pimenta

Editoração eletrônica
Eduardo Seiji Seki (Diagramação)

Assistência editorial
Jennifer Rangel de França